GIARDINO FACILE

Lorena Lombroso • Simona Pareschi

Giardino Facile

Come avere spazi verdi accoglienti e fioriti, senza fatica e senza sprechi

BE-MA editrice

GIARDINO FACILE

BE-MA editrice srl
Via Teocrito 47 • 20128 Milano
Proprietà letteraria riservata/printed in Italy

Art director Luca Pratella
Impaginazione: Garden, Modena
Stampa e confezione:
A.G. Bellavite, Missaglia Lc
Finito di stampare nel febbraio 2007
ISBN-10: 88-7143-273-8
ISBN-13: 978-88-7143-273-1

Lorena Lombroso e Simona Pareschi sono fra i nomi più noti nel mondo del giardinaggio divulgativo. Autrici di numerosi libri, manuali e pubblicazioni, sono responsabili della sezione botanica della rivista Giardinaggio.

Questo volume è stato realizzato con la collaborazione di Elena Tibiletti, Enoe Drusiani, Luisa Ferrari, Enzo Valenti

giardinaggio

SOMMARIO

Giardinaggio senza Stress

Rilassarsi nel verde, avere tempo a disposizione per il riposo tra i fiori: questi i sani obiettivi del giardiniere saggio.

Tra le molte negative abitudini imposte dalla società dei consumi, c'è quella di svolgere qualsiasi attività quotidiana con fretta e spirito competitivo. Questo approccio riguarda anche il cosiddetto tempo libero. Chi fa sport, spesso si trova costretto a rubare ritagli di tempo per correre in palestra, e gli amanti della natura si ritrovano a fare lunghe code in auto per raggiungere, magari solo per poche ore, la montagna o il mare. Il rischio è quello di trasferire anche nell'arte del giardinaggio questo stile frenetico, impaziente e privo di lungimiranza. Un sintomo collettivo di questo rischio è rappresentato dalla folla che si accalca nelle mostre di giardinaggio sparse un po' per tutta la penisola: la tentazione dello shopping spesso è più forte del buon senso, e si torna a casa con esemplari inadatti al luogo di cui disponiamo.

Proviamo perciò a pensare a un approccio diverso, più rilassato e meno competitivo; a un giardino che non sia solo un'esibizione di rarità botaniche, bensì un luogo di benessere per il corpo e la mente. Un giardino giocato sulla logica del risparmio: di tempo (per godercelo di più), di denaro (perché non ha senso sprecarlo), di risorse naturali (perché deve essere il primo obiettivo di ogni appassionato). Il che non esclude che il risultato sia appagante in ogni stagione e non solo nell'immediato, ma anche a distanza di anni, perché un bravo giardiniere deve saper guardare lontano.

Giardini e terrazzi come espressione del carattere

Uno degli aspetti più appaganti del giardinaggio consiste nel poter esprimere la creatività, attraverso soluzioni che possono dare spazio a piccole stravaganze, come il sentiero a mosaico in alto a destra. Ma c'è chi preferisce la quiete semplice e familiare di un giardino-salotto (sotto, a destra), e chi ama dedicarsi ai dettagli: a sinistra, una piccola collezione di vasetti fioriti.

Fare giardinaggio senza inquinare: una scelta doverosa

La scelta di impostare uno spazio verde a bassa manutenzione va incontro alle logiche di rispetto dell'ambiente. Paradossalmente, infatti, il giardinaggio rischia di essere un'attività che comporta il rilascio di sostanze tossiche nella natura.

Basta pensare al prato all'inglese: perché sia perfetto occorre usare spesso il tosaerba, con emissioni di gas di combustione o consumi di energia elettrica. Occorre concimarlo con preparati di derivazione chimica, diserbarlo con sostanze velenose per l'uomo e gli animali e lungamente persistenti nel suolo. Perché dunque non pensare a strategie alternative? Si può optare per un prato rustico a bassa esigenza idrica, oppure per la copertura con tappezzanti; si può ridurre la superficie erbosa inserendo isole di roccaglia fiorita, gruppi di cespugli o bordure fiorite di facile cura.

E che dire delle rose, spesso così facili ad ammalarsi e quindi bisognose di trattamenti con fitofarmaci? Senza rinunciare alla bellezza, ci sono rosai che sono meno soggetti alle malattie, oppure arbusti da fiore privi di problemi fitosanitari.

Giardini e terrazzi abassa manutenzione richiedono un approccio diverso e si propongono come un modello estetico che non cerca la perfezione, che in natura non esiste. Possono risultare un po' scomposti e selvaggi, e comportano la rinuncia a piante delicate o esigenti. Ma accolgono la piccola fauna utile e sono un modo per contribuire alla difesa della salute dell'ambiente, che equivale alla salute di ogni giardiniere.

Il giardinaggio fa dimagrire

■ Il consumo calorico provocato dalle attività di cura delle piante è piuttosto elevato e paragonabile a un'attività sportiva di media intensità: una moderata ginnastica, una passeggiata o una pedalata lenta. Le operazioni più leggere, come il rinvaso di piccole piante o la pulizia dai fiori appassiti, comportano consumi che partono da 130-140 calorie per salire a oltre 350 nel caso di lavori pesanti come zappare, vangare, spalare la neve, tagliare la legna per il caminetto, trasportare vasi o innaffiatoi pesanti.

■ Praticare regolarmente giardinaggio e prendersi cura delle piante in vaso, senza sforzi eccessivi, comporta un miglioramento generale del tono muscolare e favorisce le funzionalità del sistema vascolare. Le braccia si irrobustiscono e si mantiene allenata e forte la presa delle dita.

Più tempo per godersi la pace e i fiori

Un giardino elegante e chic non comporta necessariamente la presenza di una collezione di rarità esigenti e capricciose, più adatte a un orto botanico che a un luogo di relax. La crescente offerta di piante insolite e la corsa a presentare, a ogni mostra di giardinaggio, qualcosa di nuovo e di esclusivo, pu; indurre ad acquisti compulsivi. Perché non recuperare saggezza, e pensare a uno spazio verde che sia, prima di tutto, vivibile? Si è parlato prima di risparmio di risorse, che si trasforma in riduzione dei tempi di cura. Documentandosi sulle necessità di ogni specie prima di acquistarle e rinunciando a quelle più esigenti, si ritrova la preziosa dimensione della lentezza. Per costruire questo patrimonio di conoscenza non bastano libri e manuali: è importante visitare parchi e giardini per vedere le piante allo stato adulto. Il giardiniere frettoloso, compresso tra mancanza di tempo e ansia da prestazione, trasforma l'arte della cura delle piante nell'ennesima perfomance di efficienza a tappe forzate. Chi, invece, sceglie la strada della semplicità e della naturalezza, riscopre il valore prezioso dell'ozio. L'obiettivo va raggiunto combinando un buon progetto di base con una selezione botanica indicata per il clima, il luogo e le risorse a disposizione.

Il diario del giardino e terrazzo

Annotatevi l'andamento climatico e i periodi di fioritura. Registrate record personali, successi e delusioni. Le informazioni registrate sul medio e lungo periodo saranno di grande aiuto anche a distanza di anni o nel caso in cui il luogo venga assoggettato a un restauro o ripristino.

Imparare dai giardini più belli. Andar per giardini è una forma di turismo piacevole, stimolante e benefica per corpo e mente. L'attenta osservazione delle proposte stilistiche e degli abbinamenti di piante e materiali va a costruire un prezioso patrimonio di conoscenza. Qui sopra, l'area dedicata allo stile orientale nei giardini botanici di Merano, con la struttura sonora in bambù e, sullo sfondo, la fontana giapponese.

Garden therapy, quando il giardino cura corpo e anima

■ Migliorare il benessere fisico e psichico

Curare le piante è un hobby, ma anche un toccasana per stare meglio, nel corpo e nello spirito. L'efficacia della *garden therapy* è supportata da risultati scientifici e da esperienze concrete avviate da enti e istituzioni autorevoli. A contatto con la natura accadono cose che il buon senso poteva già dirci, ma che adesso hanno l'avallo di prove mediche: battito cardiaco, ritmo del respiro e pressione sanguigna si regolarizzano, migliora il benessere psichico; suoni, colori e profumi contribuiscono sinergicamente a creare uno stato di benessere.

■ Combattere l'ansia e lo stress

Le piante mandano messaggi alla sfera emozionale: il colore verde è un potente "tranquillante", mentre gli aromi di menta e rosmarino, per non fare che un esempio, sono energetici e stimolano l'attività intellettiva. Dedicarsi alle piante obbliga a staccare la spina dai problemi quotidiani; vederle crescere genera soddisfazione e rinforza l'autostima; toccare e annusare la terra aiuta a ritrovare il legame profondo con i ritmi naturali. Coltivare un albero da frutto, attendere che compia il suo ciclo biologico e raccogliere i frutti, è di grande aiuto per combattere lo stress quotidiano.

■ Aiutare le persone in difficoltà

La terapia orticolturale o *garden therapy*, riconosciuta e praticata in America già negli anni '50, si sta diffondendo anche in Italia. Il giardinaggio è considerato un'attività chiave per favorire il recupero e il mantenimento della salute fisica e mentale di anziani e disabili, nonché di persone in situazioni di disagio sociale (tossicodipendenti, carcerati, alcolizzati). L'efficacia sul piano del recupero sociale è provocata dal fatto che curare le piante mette in gioco il senso di responsabilità, risveglia creatività e potenzialità sopite, sviluppa capacità motorie di cui si è inconsapevoli o che sono state dimenticate, stimola la socializzazione.

Una dotazione di utensili meccanici e manuali moderni ed efficienti è fondamentale; il costo di acquisto o rinnovo delle attrezzature rappresenta un investimento che si traduce in minore affaticamento e lavoro più rapido.

Casa e ufficio in giardino

In questa logica di ritrovata vivibilità, è importante pensare agli spazi verdi come prolungamento dell'abitazione. Il progetto di costruzione o di rinnovamento dovrà dunque tener conto non solo degli aspetti estetici, ma anche della praticità.
Disponendo una serie di prese di corrente, potrete trasferire in giardino attività domestiche o professionali: stirare, lavorare al computer, studiare. Nei pressi del barbecue, un piano di lavoro con acquaio e possibilità di collocare un fornello tradizionale risolveranno il problema di cucinare per comitive di amici, o di preparare di marmellate senza mettere a soqquadro la cucina. Da non trascurare gli spazi di servizio: un capanno dove sistemare, al riparo dalla vista, i bidoni per la raccolta differenziata; uno schermo di siepi intorno allo stenditoio. Possono portar via spazio a una rarità botanica o all'impeccabile praticello all'inglese, ma sono punti a favore di una vita familiare facilitata e meno stressante, che conceda il meritato spazio a momenti conviviali, alla contemplazione, alla lettura, ai bagni di sole. Un giardino non da esibire ma da assaporare, oggi e nel tempo futuro.

Cromoterapia nel giardino di casa

Il gioco dei colori delle fioriture può essere interpretato secondo la cromoterapia, disciplina ormai applicata anche per la scelta dei colori di muri e pareti nei più moderni ospedali.

- Rosso: favorisce l'energia e la vitalità, stimola il coraggio e aiuta a superare la depressione.
- Arancione: colore che stimola l'appetito, libera le emozioni e aumenta la socialità.
- Giallo: influisce sulla stimolazione delle funzioni intellettive e sulla capacità di esprimere la personalità, combattendo la timidezza.
- Verde: sono note le sue virtù per calmare gli stati ansiosi e diminuire lo stress.
- Blu: colore stabilizzante, utile per favorire la serenità e accentuare la capacità creativa in chi svolge attività artistiche.
- Viola: esprime fascino, spiritualità, intuito; collabora a migliorare gli stati d'animo troppo attivi e dinamici, riportandoli a un equilibrio.

Creare un Progetto

Le regole base per l'ideazione di uno spazio verde facile da curare, originale e ricco di carattere.

Prima di cominciare qualsiasi operazione per creare un giardino o un terrazzo, bisogna avere un progetto complessivo. Il primo passo è disegnare un progetto sulla carta, che vi servirà come traccia. È una base utile non solo per chiarirvi le idee, ma anche per valutare bene se inserire elementi architettonici permanenti (ad esempio una vasca o una piazzola pavimentata) e per valutare le proporzioni di ogni elemento in relazione agli altri. Se pensate di saltare questo passaggio, ricordate che correggere sulla carta è facile, mentre correggere un'aiuola, un sentiero o un muretto durante la messa in opera (o addirittura nel giardino già realizzato) è difficile e costoso.
Per realizzare il progetto, misurate lo spazio del giardino o del terrazzo. Procuratevi un foglio di carta quadrettata o millimetrata e tracciate la sagoma dello spazio che avete a disposizione, in scala secondo le misurazioni effettuate; indicate i confini e gli elementi esistenti (es. sentieri oppure opere murarie da conservare). Fate varie fotocopie e su ognuna buttate giù una serie di progetti, con gli elementi in scala.
Fate un elenco completo di ciò che vorreste inserire. Provate a mettere tutti gli elementi nel disegno: le valutazioni di budget, praticità e armonia d'insieme potrebbero costringervi ad operare qualche esclusione.
Al momento di passare dalla carta alla realtà, disegnate sul terreno con una corda o con il tubo da irrigazione lo spazio occupato da ogni elemento. Potete anche segnare con farina il perimetro di ciascun elemento. Osservate il progetto da diverse ango-

Scegliere uno stile in relazione al tempo disponibile

A destra in alto, un cortile rustico: le piante possono essere un po' disordinate, fa parte dello stile; manutenzione media. Sotto, un cortile con poche piante in vaso, scelte fra quelle che chiedono meno cure; manutenzione minima, e alla sua destra una bordura all'inglese: bella solo se è sempre in ordine; manutenzione da media a elevata.

Pavimentazioni di semplice cura

- Scegliete materiali facili da pulire; evitate il cotto nelle zone sotto il barbecue, per impedire che si macchi con il grasso dei cibi.

- Le piastrelle a superficie liscia si spazzano meglio e più rapidamente. Quelle con fughe profonde richiedono una pulizia più frequente e approfondita.

- Create fughe cementate se volete evitare il lavoro di eliminazione delle malerbe che crescono fra le fessure, e che ricrescono con rapidità anche dopo interventi con diserbanti.

- Scegliete materiali non sdrucciolevoli, soprattutto nelle zone più umide e scure, dove facilmente si forma il muschio sulle pietre.

lazioni, anche da una finestra per avere una veduta dall'alto, se possibile. Spesso le cose appaiono diverse passando dalla carta al giardino.

Una scelta di stile

Formale o informale? È importante decidere subito uno stile, per dare carattere e omogeneità allo spazio. Decidete se volete un giardino geometrico o uno spazio fluido.

Nel primo caso, basate il disegno su linee rette e pulite: vialetti diritti, simmetria nella disposizione delle strutture e delle piante, siepi formali di piante sempreverdi che possano essere potate in forme squadrate e topiarie.

Nel secondo caso, usate curve e cerchi: aiuole e aree pavimentate circolari, elementi collegati da archi, sentieri ondulati e sinuosi, siepi informali e morbide. Non è detto che il secondo tipo di giardino sia più difficile da curare: gli elementi che fanno realmente la differenza sono la quantità di prato all'inglese, la presenza di aiuole miste da fiore o con molte piante annuali, le rose (sono tutte tipologie vegetali che richiedono interventi frequenti).

Il topiario diventa un problema solo se usate piante a crescita veloce, come la lonicera; il bosso richiede solo un taglio annuale e qualche spuntatura in estate.

Qui sopra, al centro del prato, una piazzola in lastre di pietra intersecate da sottili strisce di sassi rossicci; al centro una vaschetta con piante acquatiche. Un'idea insolita per allestire la zona solarium in uno spazio erboso.

Nella pagina accanto, in alto, il cortile ombreggiato ha il pavimento in ghiaia, una passerella in legno e bordure di rododendri e hosta, che accettano la penombra e richiedono poca manutenzione. Sotto, abbinamento di legno e sassi per il sentiero; un piccolo stagno e un'aiuola di tappezzanti nane, esenti da potature e non soggette alle malattie.

Il suono dell'acqua

■ Se avete poco spazio ma volete ugualmente sentire il suono cristallino dell'acqua, potete incastonare la fontana nel muro. Come quella della foto qui sotto, di gusto contemporaneo: sembra quasi un'installazione artistica.

■ Un muro semi-circolare, liscio fa da sfondo, intonacato e dipinto di un acceso color arancio: nel muro l'inserto centrale, costruito con la tecnica del muro a secco, ospita la fontana formata da 5 getti lenti e sonori.

Nella vasca, profonda 30 cm, ci sono alcune piante di iris d'acqua (*Iris pseudacorus*).

Soluzioni per ridurre l'impegno

È in sede di progettazione che potete giocare le carte migliori per creare uno spazio verde a bassa manutenzione.

Queste sono le scelte più importanti: l'irrigazione interrata e programmata, una tipologia del prato adatta alle condizioni del terreno e del clima (niente prato se c'è ombra: perdereste solo del tempo), la realizzazione di un sistema di drenaggio interrato se il suolo è molto umido e argilloso, la valutazione ragionevolmente precisa del tempo che potete dedicare al giardino, su base settimanale e mensile.

Importante anche ragionare sugli aiuti disponibili (giardinieri e potatori per interventi pesanti, due volte l'anno).

E, naturalmente, una scelta delle piante improntata al risparmio di tempo, con piantagioni effettuate alla giusta distanza, che limitano la necessità di una potatura frequente.

Un giusto equilibrio

Ogni giardino è composto da un'ambientazione fissa e una variabile.

Pavimentazioni, tralicci, aiuole, sentieri e laghetti definiscono la prima, che è la struttura del design di base. Il corredo di piante costituisce la seconda ambientazione, variabile e in costante evoluzione, che dà colore e valore estetico allo spazio, nel corso delle stagioni.

Trovate un equilibrio tra questi due elementi, esercitando l'immaginazione: appena nato, con le piante ancora giovani, il giardino sembrerà spoglio, ma occorre immaginare l'effetto quando le piante saranno cresciute. Iniziate dalla selezione delle piante di base, principalmente gli alberi e gli arbusti, senza dilungarvi troppo su quelle per le aiuole

■ Il ponte sul ruscello

È la sezione di un vecchio tronco, leggermente scavata e ricca di irregolarità naturali: una struttura facile e molto decorativa, ideale per un giardino dal sapore rustico e campagnolo (foto a destra).

■ Un muro di materiali riciclati

Dei gabbioni cubici di rete metallica (circa 50 x 50 cm) sono stati riempiti di materiali edili di scarto (tegole, frammenti di lastre di pietra o vecchie travi): ne risulta una stravagante struttura per delimitare una bordura e, con qualche cuscino, per sedersi all'aperto (foto qui sotto).

■ La parete di bottiglie

Analoghi gabbioni di rete metallica possono essere riempiti con bottiglie vuote di vetro, verdi e trasparenti. Qui, le bottiglie sono incastonate anche nel muro a formare una parete scintillante: alcune di esse sono collegate a una pompa per dar vita a un'originale fontana (foto sotto a destra).

Movimentare lo spazio

Un dislivello anche minimo, di 15-30 cm, crea maggiore personalità e muove il paesaggio. Qualche idea?

- L'aiuola rialzata da terra, con bordo in legno o pietre: è ideale per coltivare piante aromatiche o cespugli bassi. Utile anche per non affaticare la schiena.
- I gradini: ne bastano 3 per allungare un sentiero (foto qui sotto).
- Il patio: per la zona salotto, un patio lievemente rialzato darà un cambio di livello e un punto di osservazione privilegiato su tutto il giardino.
- Il muretto di diverse altezze: lasciatelo più alto dove c'è bisogno di privacy o di schermare una brutta veduta, abbassate l'altezza del muro dove desiderate aprire il giardino verso l'esterno.

e le bordure. Le piante sempreverdi evitano di avere un giardino spoglio in inverno: in un piccolo spazio dovrebbero coprire una proporzione pari al 15-20%. Se le specie caducifoglie sono in posizione di primo piano o ben visibile, cercate di scegliere piante belle anche da spoglie, come la *Lagerstroemia*, che ha una sagoma e una corteccia interessanti.

Accenti di carattere

Giocate con le prospettive e le angolature per rendere più interessante la visuale. Qualche esempio? Un sentiero sinuoso è più interessante di uno lineare: il secondo vi porta direttamente a destinazione, il primo invita alla passeggiata e alla scoperta del giardino. I filari di piante alte e sottili aumentano la prospettiva, mentre l'uso di forme tondeggianti crea uno scenario più intimo.

Se il giardino è molto piccolo, evitate di chiuderlo tra alte siepi, perché apparirà ancora più ridotto: cercate di aprirlo verso l'esterno, portando lo sguardo oltre i confini, mascherando il perimetro e nascondendo la recinzione con fiori e fogliame.

Sulla scelta dei colori, ricordate che le tinte forti e vivaci sono punti d'attrazione, quelle chiare danno luminosità: fate un ampio uso di queste ultime per ampliare la percezione di uno spazio piccolo e ristretto, e utilizzate invece i fiori di colori vivi e intensi per attirare lo sguardo e distrarlo da elementi meno attraenti.

In tutti i casi, evitate di abbinare troppi colori tra loro: l'effetto sarà di confusione e di sovraccarico e nessun colore riuscirà a risaltare particolarmente, inoltre verrà a mancare una evidente nota di personalità.

Al posto del prato. La terrazza di assi di legno è calda e accogliente, facilissima da mantenere pulita, e non toglie naturalezza al giardino. Se lo spazio che avete a disposizione è in parte ombreggiato, il prato vi darebbe sempre problemi: meglio pensare a un'alternativa come questa, riservando il perimetro a una bordura vegetale composta da rampicanti (ad esempio il rincospermo, lungamente fiorito e quasi esente da cure) con qualche tocco di colore stagionale dato da una rosa o da qualche annuale fiorita coltivata in vaso.

Pavimentazioni no problem

Le pavimentazioni sono fondamentali in ogni giardino, in quanto ne consentono l'utilizzo e l'attraversamento. Un'area pavimentata va collocata vicino alla casa per ospitare la zona di soggiorno all'aperto, collegata alle altre zone del giardino attraverso sentieri. Nel progettare i vialetti tenete conto del loro ruolo e della destinazione. Quelli di servizio dovranno essere sufficientemente ampi: circa 2,5 m per il transito delle auto, circa 1 m per tosaerba e carriola. I sentieri ornamentali, che attraversano il giardino, possono essere stretti, ondulati, pieni di sorprese.

Tre soluzioni a bassa manutenzione sono le lastre in pietra o prefabbricate cementate, le lastre posate su sabbia e la ghiaia. Il primo tipo di posa è stabile e duraturo, richiede un po' di impegno nella realizzazione, è adatto se le lastre sono di piccole dimensioni. Se le lastre scelte sono grandi, potete optare per la posa su sabbia. La ghiaia è ecologica e gradevole, e a bassa manutenzione se la preparate con cura, in modo da limitare la manutenzione e l'uso di diserbanti. Un cordolo di contenimento limita la dispersione di ghiaia, ma dovete reintegrarla spesso, circa ogni anno.

Per il parcheggio dell'auto, prendete in considerazione le strutture alveolari salvaprato, che consentono di conservare l'inverdimento della superficie.

■ La distinzione di base

La distinzione di base, per lo stile, è tra formale e informale. Formale è un giardino all'insegna di strutture geometriche e lineari, improntato all'ordine e alla simmetria nella disposizione delle piante e delle architetture; la natura è visibilmente addomesticata, spesso piegata ad assumere forme topiarie, scolpite ad arte in forme insolite.

Informale è un giardino in cui dominano disegni sinuosi, linee morbide e libere, dove silhouette e colori tendono a fondersi tra loro e a sfumare uno nell'altro; la natura è gradevolmente disordinata e ha un aspetto spontaneo.

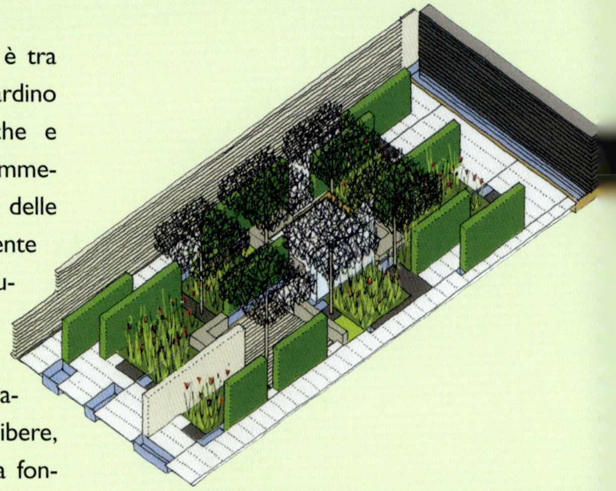

■ Formale: geometrie chic

Dalla descrizione si potrebbe pensare che un giardino formale, con il suo rigore, risulti freddo e poco accogliente. Niente di più sbagliato: la geometria può disegnare spazi intimi ed emozionanti, come dimostra il progetto intitolato Hortus Conclusus (sopra), creato dal noto paesaggista inglese Christopher Bradley-Hole (www.christopherbradley-hole.co.uk): un'oasi di privacy, dove regna un'atmosfera segreta e raccolta. Lo spazio è elegante, dalle proporzioni armoniose, protetto da siepi formali e scandito da platani simmetrici, potati in orizzontale secondo l'arte topiaria. Le potature sono semplici: scegliendo il bosso nano, a crescita lenta, le strutture vegetali geometriche sono abbastanza facili da curare.

■ Informale: libero e naturale

Chi preferisce un ambiente romantico e lussureggiante dovrebbe scegliere uno stile informale che lascia la natura libera di esprimersi. Come nel giardino intitolato Ora Garden of well-being (a sinistra), ideato da Kim Jarrett, Trish Waugh e Lyonel Grant per l'Ente Turismo di Nuova Zelanda: uno spazio plasmato in forme che si intersecano e sfumano una nell'altra, con un laghetto creato da vasche collegate tra loro. Il tutto abbracciato da una natura rigogliosa, dominata da piante con foglie di grandi dimensioni che accentuano la sensazione di natura libera e selvaggia.

L'aiuto del professionista

Se sceglíete di avvalervi di un progettista, stilate un elenco delle vostre esigenze e preferenze ed esigete un preventivo chiaro, diviso in tre parti: l'onorario relativo alla progettazione pura e semplice, quello che riguarda il ruolo di direzione lavori e un terzo preventivo per il ruolo delle maestranze e i materiali. Se riuscite a farvi fare da almeno due progettisti un paio di preventivi compilati in modo analogo, il confronto sarà più facile e sicuro.

L'intervento di un professionista è sempre raccomandabile per i giardini medio-grandi e quando occorrono importanti interventi architettonici. Siate lungimiranti, e pensate che il vostro giardino accompagnerà la vostra vita e quella delle generazioni successive, è dunque un progetto sul quale vale la pena di investire al meglio tempo e denaro.

Stile nipponico, raffinato e facile

- Dotato di una bellezza sofisticata, il giardino di stile giapponese è concepito come un'opera d'arte, dove nulla è lasciato al caso e ogni elemento ha un significato simbolico e un ruolo preciso e l'uso delle piante è abbinato a un sapiente utilizzo di materiali minerali (rosse, ghiaia), al legno e al bambù.
- Se viene ben impostato sin dal progetto, non richiede molto lavoro per la sua manutenzione, ma le poche cure di base devono essere regolari: il prato va mantenuto basso e compatto (se sapete di non poter svolgere una regolare manutenzione, preferite la ghiaia fine, bianca o grigia, al posto del prato), i cespugli devono essere scelti fra quelli che hanno una crescita lenta (come bosso, tasso, ginepro ecc.), con una forte presenza di sempreverdi (non perdendo le foglie tutte insieme in autunno, non richiedono un impegnativo lavoro di pulizia in autunno-inverno).
- Qui sotto, un giardino firmato dalla paesaggista britannica Maureen Busby per la Japanese Garden Society: il piccolissimo spazio è organizzato in modo da sembrare molto più grande e ricco di emozione. L'uso di materiali ispirati alle tradizionali architetture orientali sottolinea una precisa scelta di stile.

Giardinaggio sicuro e senza fatica

I lavori all'aperto non devono affaticare troppo, né mettere a rischio la salute. Gesti corretti e strumenti giusti possono aiutare.

Ci sono ottime ragioni per evitare affaticamenti e inutili prove di forza quando c'è da prendersi cura delle proprie piante. Il corpo, come i migliori attrezzi del giardiniere, con il tempo si logora; l'età, i dolori reumatici e qualche problema di salute possono costringere a limitare al minimo lo sforzo muscolare. Ma anche chi è giovane e forte deve abituarsi a conservare, durante il lavoro, le posture corrette, che consentono un sensibile risparmio di energie. I milioni di movimenti piccoli e grandi che compiamo quotidianamente influiscono giorno dopo giorno sul nostro assetto osseo e muscolare; per questo, fin da bambini, è indispensabile rispettare alcune elementari regole che costituiscono un vero investimento in salute nel corso degli anni.

Le piante rappresentano, per l'appassionato, una compagnia importante e gradevolissima ma... sono pesanti, alte, scomode da raggiungere, impegnative da innaffiare; insomma, comportano spesso un vero e proprio lavoro di fatica. E poiché il non ben definito mal di schiena – conseguenza di stress, posture scorrette, età e altre cause – è oggi una delle patologie più diffuse, è caldamente consigliabile pianificare strategie e accorgimenti per prevenirlo ed evitare peggioramenti, pur senza rinunciare ai piaceri del giardinaggio.

Attenzione alla postura e all'ergonomia

A sinistra: il rastrello con manico della giusta lunghezza consente di operare in posizione corretta.
Nella pagina a fianco, in alto a sinistra: invece di curvare la colonna vertebrale, meglio piegare le gambe o usare uno sgabellino. In alto a destra: vangare è una delle attività più faticose, da compiere con stivali robusti. Sotto a sinistra: per potare, usate cesoie di dimensioni adatte alle vostre mani. A destra: un tavolo dell'altezza giusta rende meno faticoso il lavoro sulle piante in vaso.

Metodi utili per risparmiare sforzi muscolari in giardino

Prima di tutto occorre prendere coscienza dei propri limiti e abituarsi a utilizzare stratagemi utili per superare un'eventuale limitata capacità di movimento. Se il problema di mobilità è serio, vale la pena di riflettere su una riorganizzazione che semplifichi e adatti lo spazio verde: ad esempio create delle aiuole sopraelevate o coltivate piante che non richiedono una frequente lavorazione del terreno, in quanto essa rappresenta la principale causa di affaticamento.

Va detto che il giardinaggio è attività fisica e in quanto tale richiede un po' di allenamento e di riscaldamento. Una breve fase di movimento preparatorio (allungamenti delle braccia e della colonna vertebrale, torsioni del busto, piegamenti sulle gambe) aiuta a sciogliere i muscoli prima di un lavoro quale la vangatura o lo spostamento di sacchi, vasi o altri oggetti pesanti. In questo modo si diminuisce il rischio di strappi e distorsioni.

Chi soffre di mal di schiena dovrà rispettare alcune regole base che limitano gli sforzi a carico della colonna vertebrale e della muscolatura lombare. È fondamentale evitare sbilanciamenti nella postura del corpo: meglio dividere il peso sulle due braccia e camminare in posizione eretta, a tutto vantaggio della corretta perpendicolarità vertebrale e quindi delle fasce muscolari dorsali.

Attrezzi in ordine, meno fatica

- Se gli utensili sono puliti e perfettamente efficienti, lo sforzo richiesto per il loro utilizzo si riduce. Non lasciateli abbandonati alle intemperie in giardino, perché sono pericolosi se restano invisibili nell'erba, e si danneggiano a causa dell'umidità.

- Dopo ogni utilizzo è buona norma ripulirli con uno straccio inumidito e una spazzola a setole rigide per togliere i residui di terra, asciugando bene l'eventuale umidità residua.

- A fine stagione, pulite le lame con benzina, affilatele con la lima e ingrassatele con vaselina, lavate i manici in plastica con candeggina e asciugateli bene, smerigliate con carta vetrata i manici di legno e ungeteli con paraffina.

Nel raccogliere un oggetto pesante da terra, mai piegarsi in avanti e far gravare l'intero sforzo sulla schiena. Meglio chinarsi e lavorare di gambe: le cosce hanno muscoli più forti, che risparmieranno buona parte della fatica alle articolazioni dorsali.
Abituatevi a lavorare tra le aiuole seduti su uno sgabellino: ciò non significa aver perduto l'abilità motoria, né è indice di pigrizia.
Questa tecnica, poco diffusa in Europa, è largamente usata dai giardinieri asiatici, a prescindere dalla prestanza fisica.
La posizione inginocchiata consente di mantenere il dorso eretto; esistono cuscini o sgabelli che, una volta rovesciati, si trasformano in confortevoli appoggi, con il vantaggio di due manici laterali su cui posare le braccia per rialzarsi in piedi. Gli attrezzi caratterizzati da manico telescopico sono utili a chi lavora seduto o in ginocchio, per arrivare lontano senza tendere eccessivamente i muscoli di spalle e avambraccia.

Trattorino: attenzione ai pendii

Capovolgersi con un trattorino può diventare una faccenda pericolosa. Se il terreno è caratterizzato da sensibili dislivelli, prima ancora di scegliere altri parametri è indispensabile assicurarsi un mezzo idoneo per prati in pendio. Il che significa baricentro basso (minori possibilità di capovolgimento), postazione dell'operatore protetta ma aperta per muoversi agilmente in caso di emergenza, pneumatici idonei e, possibilmente, cambio idrostatico per uscire rapidamente da ogni situazione.

Lavorare come i professionisti. Anche a casa propria, le regole di sicurezza vanno rispettate. I giardinieri professionali sono tenuti, per legge, a operare in condizioni ben protette: quando potano con la motosega, indossano guanti robusti, cuffie antirumore, casco con visiera antischegge e abiti pesanti. Non c'è motivo di rischiare la salute: prendete a modello questo abbigliamento quando dovete usare attrezzi di questo tipo nel vostro giardino o frutteto.

Imparare a dosare la fatica

Razionalizzate e pianificate il lavoro, soprattutto quando si tratta di operazioni lunghe e faticose, perché una volta stanchi si è portati a essere sbrigativi, impazienti e meno attenti ai potenziali pericoli. Il giardinaggio è affine a uno sport leggero e come tale comporta sudorazione e dispersione di sali. Perciò, bevete molto durante gli interventi impegnativi, soprattutto se avvengono sotto il sole; vanno evitati alcoolici e bibite gassate, analogamente a quanto viene consigliato agli atleti in allenamento.

Un'altra precauzione salva-fatica consiste nella scelta degli attrezzi. Devono essere in perfetto stato, soprattutto quelli da taglio. Forme ergonomiche e manici in materiali leggeri, alluminio o resine sintetiche, aiutano il giardiniere che non può o non vuole permettersi affaticamenti eccessivi. Privilegiate gli accessori utilizzabili conservando la posizione eretta.

La necessità di vangare si riduce grazie all'abitudine di smuovere spesso la crosta superficiale utilizzando i frangizolle rotanti o i modelli fissi a T, dotati di un "ragno" d'acciaio terminale che si inserisce nel terreno. L'uso di questa attrezzatura sollecita solo parzialmente i muscoli dorsali, a differenza di ciò che accade sollevando una greve palettata di terra. Ma quando è indispensabile vangare, evitate di lavorare a ridosso della zolla: arretrate di un passo e sistemate le gambe in modo da fare leva sui forti muscoli delle cosce.

Rispettare le norme di sicurezza

Abbigliamento protettivo, uso di caschi e occhiali, paraorecchi e schermi per il volto sono requisiti spesso ignorati dai giardinieri hobbistici, mentre sono da tempo un obbligo per gli operatori professionali. Copiate le dotazioni di sicurezza previste dalla normativa sul lavoro, soprattutto quando si opera con macchine potenzialmente pericolose quali motoseghe, tosasiepi, decespugliatori.

Anche il comune tosaerba, elettrico o a scoppio, va usato con le ovvie cautele: mai operare scalzi o in ciabattine, spegnere i motori e indossare i guanti per

Scale: solide e stabili. Eliminate ogni possibile rischio durante le attività di cura delle piante. L'uso della scala, ad esempio, richiede un po' di attenzione: deve essere robusta e stabile, di altezza proporzionata al punto in cui desiderate arrivare, senza che sia necessario sporgersi pericolosamente. Qualunque sia il materiale con cui è costruita, è bene controllare periodicamente che il sistema di apertura sia solido e che i gradini non mostrino segni di cedimento. Nel frutteto, le scale a V (a destra) risultano particolarmente comode perché la parte alta, essendo stretta, riesce a penetrare tra i rami.

Attrezzi e soluzioni per ridurre gli sforzi muscolari

■ Potare in alto senza la scala

Lo svettatoio con manico telescopico (sotto a sinistra) è utile per raggiungere senza sforzo e rischi le parti alte delle chiome: esistono modelli che superano i 4 m. Il taglio viene attivato da un sistema di lame comandato dall'impugnatura. Questo tipo di attrezz portare anche un coglifı per raggiungere i rami piı o inavvicinabili perché sit ti nelle zone più intricate

■ Tagliare a terra e nei cespugli

Gli attrezzi da taglio di ultima generazione, ad esempio le forbici Extension (sotto al centro) consentono di utilizzare due mani, per avere un carico di forza più efficiente, oppure una sola mano, per raggiungere rami in quota o a terra. I troncarami ad asta con sistema di taglio a demoltiplica (ingranaggi che migliorano la potenza del taglio espressa dal movimento dell'impugnatura) sono utili sia per evitare l'uso della scala, sia per raggiungere il centro di cespugli intricati senza chinarsi (disegni a qui sotto).

■ Estirpare le erbacce

tirpatore con denti in cciaio (sotto a destra) serve per raccogliere le erbe infestanti con il loro apparato radicale, senza doversi chinare. Le pinze entrano nel suolo e si chiudono intorno al cespo, azionate dalla maniglia.

■ Cesoie allungabili

Alcuni modelli di cesoie troncarami o tosasiepi sono dotate di manici telescopici, da calibrare sulle proprie necessità evitando, per quanto possibile, torsione e allungamento muscolare.

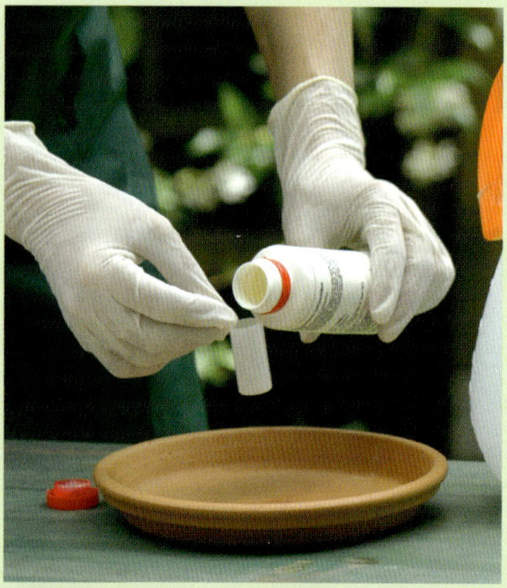

■ Maneggiare sostanze pericolose

Indossate guanti in lattice, che consentono una buona sensibilità ai polpastrelli. Preparate le soluzioni all'aperto, in luogo non ventoso né soleggiato. Proteggete la superficie di lavoro e utilizzate i dosatori, se la confezione ne è dotata. Rispettate con cura le dosi e le precauzioni consigliate. Se dovete vaporizzare una sostanza, fatelo solo se non c'è brezza, indossate una mascherina su naso e bocca, non operate con parti del corpo scoperte (maniche e pantaloni lunghi sono d'obbligo). Dopo qualsiasi utilizzo di fitofarmaci, anche se avete indossato i guanti, lavate con cura le mani e il volto sciacquando abbondantemente.

Anche la terra e le foglie possono essere pericolose e nascondere insetti nocivi o chiodi arrugginiti. Indossate guanti di adeguato spessore.

■ Decespugliatori e altre macchine

Allontanate persone e animali dall'area di lavoro, indossate abiti adeguati. Non lavorate per più di 15 minuti senza fermarvi. Utilizzate modelli di potenza adeguata al lavoro da compiere: sotto sforzo, il motore potrebbe facilmente creare problemi.

■ Protezioni per piedi e ginocchia

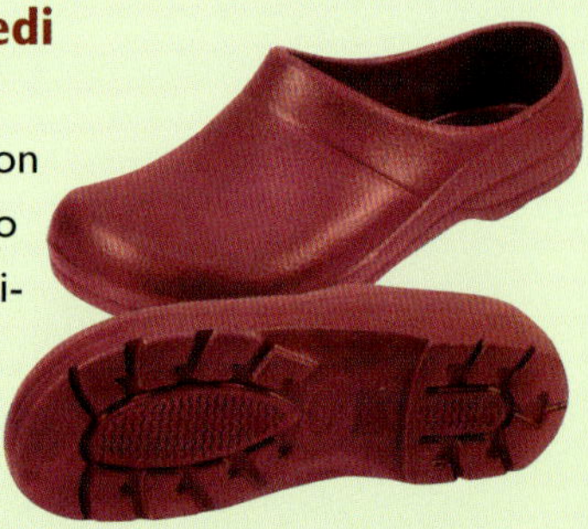

Le scarpe da giardino con suola antiscivolo sono indicate per qualsiasi attività di manutenzione dove non sia consigliabile passare a calzature da lavoro quali stivali o scarponcini. Le protezioni per le ginocchia costituiscono un accorgimento pratico per chi deve operare nell'orto o tra le aiuole.

lavorare nella zona della lama, prendere misure opportune per evitare problemi relativi all'uso della corrente elettrica.

Non confidate eccessivamente nelle vostre doti di equilibrio o nella robustezza dei rami di un albero: per compiere operazioni complesse di potatura in quota, soprattutto per grossi rami, meglio far intervenire uno specialista con autogru a cestello.

Fitofarmaci, usare con cautela

Antiparassitari e diserbanti sono veri e propri veleni, da gestire con cautela.

I preparati concentrati, da diluire in acqua, sono conservabili a lungo se situati in ambiente buio, asciutto e riparato dagli sbalzi di temperatura. Diluite piccole quantità per volta, in base alla necessità, e non gettate la miscela in eccesso negli scarichi domestici o nei corsi d'acqua: portatela presso in una discarica comunale dotata di contenitori per fitofarmaci. I contenitori vuoti devono fare la medesima fine: non gettateli nei bidoni della plastica da riciclare.

Non mescolate fra loro i resti di diversi tipi di fitofarmaci: il risultato potrebbe diventare estremamente tossico. Se conservate le miscele pronte, usate contenitori chiaramente etichettati, e conservate la confezione iniziale che riporta le indicazioni e le precauzioni d'uso. Tutti i contenitori devono essere tenuti ben lontani dall'accesso di bambini o estranei, in un armadio chiuso a chiave.

Protezione dal sole e dagli insetti

■ Abbronzarsi lavorando in giardino è piacevole, ma occorre prendere misure di cautela raccomandate dall'Organizzazione Mondiale della Sanità. D'obbligo un copricapo (cappello a tesa larga, berretto a visiera) e consigliabile l'uso di indumenti traspiranti. Le creme da applicare sulle parti del corpo scoperte devono essere adatte al tipo di pelle e all'intensità dell'irraggiamento solare; spalmatele più volte, se rimanete a lungo al sole, e in quantità sufficiente. Per proteggere gli occhi indossate occhiali da sole che impediscano il passaggio dei raggi UV. In piena estate non lavorate al sole nelle ore centrali della giornata.

■ Nelle zone infestate da zanzare, utilizzate un prodotto repellente, rinnovando la protezione se restate a lungo all'aperto. Se trovate nidi di vespe o calabroni, fate intervenire un disinfestatore professionista.

Come Risparmiare Acqua

È un dovere verso l'ambiente e un risparmio economico: ma è anche un modo diverso di interpretare la bellezza del giardino.

Acqua, un bene prezioso: senza di essa, la vita non può esistere, perché uomini, animali e piante sono costituiti almeno per l'80% di acqua, utilizzata per compiere tutti i processi cellulari e metabolici. I recenti cambiamenti climatici lanciano segnali drammatici: la disponibilità idrica sta calando ovunque ed è un dovere risparmiare acqua. Non sprecare acqua significa anche risparmiare denaro, se innaffiamo attingendo alla rete idrica comunale. Il primo passo per la riduzione degli sprechi consiste nel capire quanta acqua serve. Ogni millimetro di pioggia equivale a una fornitura di un litro d'acqua per metro quadro di terreno. In estate, periodo di massimo consumo idrico, un metro quadro di vegetazione molto densa in giardino richiede circa 25 l d'acqua ogni 7-10 giorni. Questo è però un dato soggetto a variabili importanti, in base al tipo di vegetazione e all'esposizione del luogo: per esempio, in ambiente asciutto, caldo e ventoso, la necessità idrica sarà molto maggiore.
Mediante un normale irrigatore, il tubo da irrigazione porta nel prato circa 900 l d'acqua all'ora (15 litri al minuto). Prendendo come media un irrigatore che copre circa 9 mq con il suo getto, il conteggio è rapido: verranno erogati circa 100 l d'acqua per mq in una sola ora. Il calcolo vale in condizioni ideali, ma la distribuzione di un singolo irrigatore non è mai uniforme su tutta la superficie ricoperta.

Meno sprechi senza rinunciare alla bellezza

Il gesto quotidiano di innaffiare (a destra, in alto) è un lusso non concesso ovunque. Ma piante come l'agave (a destra, in basso) hanno un aspetto meraviglioso con minime esigenze idriche, concentrate per lo più in primavera per poi trascorrere l'estate e l'inverno praticamente all'asciutto. E c'è chi, come il collezionista Giuseppe d'Ambra, è riuscito a creare un meraviglioso giardino 'secco', a Ravino (Isola d'Ischia, Napoli).

Eliminare gli sprechi è possibile

Quando si fornisce la quantità d'acqua effettivamente necessaria alle piante, l'eccedenza sarà inutile perché le radici non saranno in grado di assorbirla. L'acqua in eccesso andrà sprecata per evaporazione oppure, in mancanza di un buon drenaggio, rimarrà stagnante a contatto con le radici, rischiando di danneggiarle. Per controllare la quantità da somministrare mediante l'irrigazione, acquistate un misuratore d'acqua piovana (pluviometro): è un cilindro graduato che misura i millimetri di acqua caduta. Con il pluviometro collocato a una certa distanza dal getto, misurate il tempo necessario per fornire, tramite l'irrigazione, 25 mm d'acqua: sarà quello necessario per bagnare a sufficienza, se non si sono verificate piogge nei giorni precedenti. Ma c'è un'altra variabile di cui tenere conto: la capacità di trattenimento dell'umidità nel terreno varia a seconda del suolo. Un sistema empirico per capire quanta acqua trattiene il vostro terreno è quello tastare la terra alla profondità di 10 cm circa. Il suolo, dopo un'innaffiatura moderata, deve risultare umido ma non fradicio. In caso contrario, avete fornito troppa acqua, che andrà sprecata senza benefici per le piante.

L'acqua per il prato, le piante ornamentali e gli alberi da frutto

Un errore comune consiste nell'irrigare il prato poco e spesso: in questo modo si incoraggia lo sviluppo delle radici nella zona più superficiale del suolo, rendendole più

Piante australiane per giardini a bassa disponibilità idrica

- Se siete in cerca di piante originali per un giardino caldo e asciutto, la soluzione è quella di puntare sulle piante australiane: callistemon (nella foto), metrosideros, grevillea, acacia, eucalipto, banksia, lagunaria, anigozanthos ecc. Provengono dai deserti o dalle coste aride dell'Australia, dove vivono per lunghi mesi senz'acqua. Il clima australiano è molto simile a quello dell'Italia meridionale: tutte queste specie vi si adattano perfettamente.

- Fra gli alberi, gli eucalipti e le acacie (mimose) comprendono numerose specie e tutte regalano in primavera belle fioriture. Non posizionate gli eucalipti in vicinanza della rete idrica sotterranea: le loro radici "riconoscono" la presenza dell'acqua ed, essendo molto robuste, si insinuano nelle tubature, spaccandole.

sensibili all'aridità, perché lo strato superficiale è quello che si asciuga e si riscalda di più in breve tempo. Bagnare poco e spesso, inoltre, favorisce lo sviluppo vigoroso delle malerbe. Tenete conto dell'andamento climatico della vostra zona: in Italia le estati molto calde e asciutte possono provocare un periodo di dormienza delle piante e in quel momento è meglio non eccedere con le irrigazioni perché si rischia di "lessare" le radici (anche il suolo raggiunge alte temperature in estate). Per lo stesso motivo è consigliabile irrigare la mattina presto perché la terra si è ben rinfrescata.

Fra le piante ornamentali, i giovani alberi appena impiantati hanno bisogno di molta più acqua rispetto ad alberi e arbusti adulti, che riescono a superare anche momentanei periodi di siccità. Le bordure da fiore composte da piante erbacee perenni o annuali sopravvivono bene solo se l'acqua non manca mai: queste specie sono sconsigliate nei giardini molto aridi o innaffiati senza regolarità, ad esempio quelli delle seconde case al mare. In questo caso è meglio scegliere piante succulente e arbusti della

Le foglie e l'acqua

- Tutte le piante con foglie grandi e morbide hanno bisogno di tantissima acqua, mentre le specie con fogliame piccolo e rigido o aghiforme hanno minori esigenze. Le superfici fogliari estese e porose hanno una elevata traspirazione che viene rilasciata nell'atmosfera sotto forma di vapore acqueo.
- Invece le foglie rigide o cuoiose conservano meglio la componente idrica: è stata l'evoluzione che le ha rimpicciolite e le ha rese adatte ad ambienti siccitosi e aridi. A destra, una foglia di catalpa.

Fiori che amano il terreno povero e asciutto. A sinistra, *Chamaelaucium uncinatum*: ha grande resistenza allo stress idrico, in quanto è originaria di zone subdesertiche e sabbiose. Per climi miti, fioritura in primavera, bel fogliame. A destra, *Phlomis fruticosa*, pianta suffruticosa molto resistente, dai fiori gialli e dalla grande capacità di adattarsi ai terreni poveri e costieri, dove si accontenta di poca acqua.

macchia mediterranea che sopportano lunghi periodi asciutti e caldi. Nelle piante da frutto, il massimo consumo d'acqua si ha nel periodo tra metà primavera e metà estate. Quando i frutti si sono formati e l'estate è avanzata, le piante potranno tollerare un breve periodo di siccità, anche se i frutti potrebbero essere di qualità inferiore. Esistono però molte varietà italiane antiche e locali di ogni tipo di frutto, selezionate dai contadini nei secoli proprio per la loro resistenza. Nei giardini e frutteti familiari è raccomandabile scegliere proprio queste varietà, che mostrano maggiore resistenza ad avversità climatiche e periodi siccitosi. Quando l'autunno è troppo asciutto, le piante da frutto saranno più sensibili al gelo: irrigate moderatamente fino alle soglie dell'inverno.

L'orto ha un fabbisogno idrico costante e molto elevato, rappresenta dunque una scelta da riservare laddove sia possibile avere la certezza di approvvigionamenti. Anche per le colture ortive è caldamente raccomandabile una razionalizzazione dei tempi e dei modi di innaffiatura, dotando l'area di impianti del tipo a tubo poroso e a goccia.

I segreti per risparmiare le risorse idriche

Sempre più spesso molti Comuni italiani, durante l'estate, vietano di utilizzare la rete pubblica per bagnare orti e giardini. Alcuni piccoli accorgimenti, oltre a quelli elencati nella pagina a fianco, permettono di risparmiare acqua senza fatica.

Se abitate in zone calde e aride, scegliete specie da fiore o da frutto resistenti alla siccità: oltre al risparmio, avrete la soddisfazione di vederle comunque belle e decorative. Le piante xerofite, proprie delle zone mediterranee, hanno apparati radicali profondi che vanno a captare l'umidità, risultando meno sensibili al calore superficiale. Un altro elemento che gioca a favore del risparmio è l'immediata eliminazione delle erbe infestanti, che entrano in competizione con le specie coltivate; spesso hanno radici vigorose e ampie superfici fogliari, consumando

Puntare sulle piante spontanee. Una soluzione facile per avere un bel giardino a basso consumo idrico consiste nell'osservare la natura circostante: scegliete fra le piante spontanee che vedete fiorite quelle che vi piacciono di più. Nei cataloghi dei vivaisti specializzati è possibile trovare varietà della specie spontanea, con caratteristiche estetiche migliori. A sinistra, *Centranthus ruber* 'Coccineus', una varietà dalla fioritura molto ricca e di intenso color porpora.

I SISTEMI PER RISPARMIARE ACQUA (E DENARO)

■ Irrigazione a goccia

Dove è necessario bagnare con regolarità, è meglio installare un impianto di irrigazione a goccia o con tubo microforato. L'acqua sarà distribuita vicino alle radici, senza dispersione; il consumo è facilmente controllabile e si traduce in un risparmio considerevole.

■ Recupero acqua piovana

Convogliando l'acqua piovana in una cisterna o bidone, si potrà utilizzarla per innaffiare. Una pompa a immersione provvederà ad alimentare i tubi da irrigazione. L'acqua piovana è priva del cloro e degli additivi che circolano nelle reti idriche comunali; distribuitela la mattina presto, perché al tramonto è ancora molto calda.

■ Pozzi e cisterne

Fate analizzare da un geologo il sottosuolo della vostra proprietà: potreste avere una falda acquifera ricca e non troppo profonda, che giustificherebbe lo scavo di un pozzo. L'acqua di pozzo può essere prelevata con una pompa e poi immagazzinata in una cisterna interrata per essere usata al momento del bisogno. Se la falda è molto ricca, il risparmio è notevole.

■ Centraline elettroniche

Attivano le funzioni di irrigazione anche in vostra assenza e, collegate a un sensore di umidità, sospendono la fornitura di acqua se il suolo è sufficientemente bagnato.

■ Orari di irrigazione

Innaffiando (con un sistema automatizzato) di notte o di prima mattina, c'è una minore dispersione idrica per evaporazione immediata, rispetto alle ore in cui il suolo è ancora caldo.

■ Protezione del terreno

Fra le tante funzioni della pacciamatura (vedere a pag. 38) c'è quella di ridurre l'evaporazione dell'acqua dal terreno, nel quale rimane così una maggiore umidità disponibile per le piante.

■ Succulente

Le piante grasse sono formate da un tessuto spugnoso (che dà loro l'aspetto succulento) nel quale possono accumulare grandi quantità d'acqua, per utilizzarla gradualmente in minime dosi durante i lunghi periodi di siccità. Difficilmente queste specie muoiono per mancanza d'acqua, ma possono soffrire se annaffiate in eccesso.

■ Aizoacee

Sono anch'esse specie a foglia succulenta, con lo stesso tipo di tessuto spugnoso ma, a differenza delle piante grasse, fioriscono con regolarità ogni primavera-estate e si adattano bene alle zone costiere, anche vicino al mare. Le specie più note sono *Carpobrotus acinaciforme, Lampranthus, Doroteanthus, Aptenia cordifolia.*

■ Piante a foglia grigia e pelosa

Le foglie sono grigie perché sono rivestite da una fitta peluria bianca: ha la funzione di riflettere i raggi solari, di trattenere l'acqua traspirata dalla foglia e di formare un'intercapedine tra la peluria, dove possa circolare un po' d'aria. Si tratta di specie diffuse nelle zone costiere ma anche in alta montagna, tra le rocce aride in quota.

■ Annuali per climi caldi

Alcune specie annuali vivono in climi e terreni siccitosi: gazanie, elicrisi, rudbeckie, *Chrysanthemum coronarium*, escolzia, portulaca... Con poche innaffiature (due-tre volte la settimana in piena estate) sono in grado di fiorire a lungo. Indicate per tutte le zone d'Italia, comprese le coste meridionali, danno ottima resa anche in vaso.

Le piante adulte soffrono meno la siccità. La mancanza d'acqua viene avvertita in maniera drammatica dalle piante giovani, perché il loro apparato radicale non è ancora sviluppato tanto da andare in profondità nel terreno in cerca d'acqua. Dal terzo-quarto anno di vita in poi, la siccità ha conseguenze meno gravi. Una buganvillea come questa sopravvive a una lunga stagione di carenza idrica, senza mai bloccare la spettacolare fioritura.

inutilmente umidità. Importante è anche limitare l'azione disidratante del vento, mediante i frangivento naturali (barriere di alberi e siepi) o artificiali (arelle di bambù, stuoie ecc.): l'aria calda asciuga più velocemente il suolo. Conviene dunque evitare di disporre piante in vaso (soprattutto se di terracotta) nelle zone più soggette alle brezze calde: richiederebbero innaffiature molto più frequenti e abbondanti.

Insensato, oltre che mostruoso dal punto di vista paesaggistico, è l'impianto di prati all'inglese (caratterizzati da elevatissime esigenze idriche) in zone mediterranee costiere, dove la copertura e decorazione del suolo può avvenire con specie della macchia mediterranea, piante striscianti o succulente, assai più coerenti con la natura locale. In ogni caso, la copertura vegetale è da preferire all'uso di pavimentazioni o pietre, che provocano riverbero e riscaldamento del microclima locale. Inutile farsi tentare dalle sementi di tappeti erbosi per zone calde, sperando di poter fare a meno dell'irrigazione: questo tipo di prato potrà tollerare periodi di siccità più lunghi, ma richiede comunque somministrazioni periodiche.

Se avete lo spazio, pensate a un sistema di fitodepurazione delle acque reflue; il costo iniziale può essere considerevole ma comporta in seguito un significativo risparmio ed è un gesto estremamente responsabile nei confronti della natura, oggi e nel futuro.

PACCIAMATURA, COS'É?

Una buona protezione del suolo comporta una drastica riduzione del lavoro di manutenzione e migliora la salute delle piante.

La lotta contro le malerbe, la conservazione di una buona umidità nel terreno, il mantenimento della fertilità: queste tre attività del giardiniere hanno in comune la stessa risposta, la pacciamatura. Questo termine indica la copertura del terreno con materiale di tipo organico (come la corteccia e la torba) o di tipo inorganico (come i ciottoli e il lapillo vulcanico), oppure con moderni materiali sintetici quali le membrane di plastica di vario tipo. Lo scopo è quello di evitare che la superficie del suolo si inaridisca rapidamente, perdendo il prezioso humus nutritivo, o che venga colonizzata da piante infestanti dannose per le coltivazioni.
L'utilizzo della pacciamatura è stato per lungo tempo considerato utile e praticabile solamente nel campo professionale agricolo, negli orti e, successivamente, in quello del verde pubblico. Solo negli ultimi anni si è diffusa la consapevolezza che, in terrazzo e in giardino, la pacciamatura è un'arma importante per ridurre drasticamente la cura e la manutenzione delle piante in vaso e in aiuola.
È proprio quanto accade in natura a dimostrarne l'efficacia: nei boschi, lo strato di foglie secche cadute in autunno copre il terreno e lo mantiene libero, soffice e umido. Il fogliame, decomponendosi, va ad arricchire il terreno e la superficie rimane libera da infestanti che sarebbero in competizione con le piante boschive. Ecco

Niente malerbe, meno irrigazioni, meno concimazioni

I moderni teli traspiranti (in alto in questa pagina, telo Plantex con struttura porosa) si possono mascherare con uno strato di corteccia. A sinistra, copertura del suolo con frammenti di ardesia grigio ferro; il suolo sottostante è protetto da una membrana geotessile.La protezione del terreno con corteccia sminuzzata (nella pagina accanto, foto sopra) o con lapillo (sotto) svolge un ruolo molteplice: evita lo sviluppo di malerbe, mantiene umido il suolo che conserva meglio la fertilità e offre un interessante aspetto decorativo.

perché un tempo i contadini accumulavano foglie ai piedi dei giovani alberi: pratica che oggi è stata fortemente rivalutata dalle moderne teorie di giardinaggio a basso impatto ambientale.
In effetti la pacciamatura, se ben fatta, contribuisce in modo significativo ad aumentare la quantità di sostanza organica (humus) presente nel suolo, e conserva la porosità, il drenaggio, l'umidità; ciò significa, per il giardiniere, molto meno lavoro: meno irrigazioni, meno concimazioni, assenza di infestanti, giardino più ordinato.

La scelta dei materiali

Una buona pacciamatura deve consentire la circolazione dell'aria, ecco perché si utilizza soprattutto la corteccia tritata, facilmente reperibile nei garden center. Si tratta di un materiale naturale, proveniente da una risorsa rinnovabile; gli alberi utilizzati per la produzione di corteccia sono infatti allevati appositamente a questo scopo, oppure si tratta di corteccia proveniente dagli scarti di lavorazione del legname da costruzione, prevalentemente conifere.
La corteccia è commercializzata in sacchi di varia dimensione ed è disponibile in tipologie diverse. Quella di pezzatura grossolana è idonea per siepi e arbusti, quella più fine si usa per le aiuole da fiore e le piante in vaso in quanto ha una valenza estetica. È un materiale durevole e di aspetto piacevole, facile da stendere, ma attenzio-

Foglie secche. Accumulate ai piedi di giovani alberi, arbusti, siepi o perenni delicate, mantengono umidità e calore e, decomponendosi, arricchiscono il suolo di nutrimento. Attenzione: non usate foglie di piante che avevano mostrato segni di malattie crittogamiche o forti infestazioni di parassiti. Da evitare anche le foglie dure e coriacee, come quelle della magnolia o del lauro.

Sassi e ghiaia. Economica e decorativa, la copertura in pietra sminuzzata si utilizza in molti modi. È consigliata soprattutto per aiuole di piante succulente e cactus. Grazie alla ghiaia, la dispersione idrica è minima e si protegge la terra dai danni causati da gatti o uccelli che scavano la superficie, in quanto si tratta di un materiale pesante e non spostabile con le zampe. Ampia la scelta di colori e tipologie disponibili in commercio.

Torba. Classico materiale naturale di copertura, si amalgama al suolo rapidamente e contribuisce a migliorarne la struttura, per questo motivo è utile nei terreni a forte componente argillosa. Non è particolarmente decorativa e protegge poco dall'evaporazione. Crea uno strato molto traspirante che però risulta leggero, una volta disidratato: meglio non usarla in zone ventose o frequentate da animali domestici.

ne: fate uno strato di almeno 5 cm perché se è più basso, l'effetto protettivo è modesto e le malerbe riescono a emergere senza difficoltà. Affine alla corteccia è il legno sminuzzato (cippatura), che però lascia a desiderare dal punto di vista estetico e per questo è consigliabile il suo impiego solo in aree poco visibili, ad esempio la base di siepi perimetrali parzialmente celate da bordure di fiori.

Molti scarti del giardino si possono utilizzare per pacciamare, ad esempio la rasatura del prato. È però importante farla seccare prima dell'uso, aprendo gli steli su un telo esposto al sole, oppure distribuite l'erba fresca ben tritata in minuscoli frammenti (mulching), ogni volta che rasate il prato, in uno strato sottile, in modo che possa seccare. Uno strato spesso di erba, distribuita appena tagliata, si appiccica e marcisce con gravi danni per il prato.

Anche gli scarti delle potature possono diventare materiale da pacciamatura, ma devono essere prima sminuzzati, con le apposite macchine trituratrici. Le foglie secche sono un'ottima pacciamatura, ma hanno lo svantaggio di essere un materiale leggero che vola via facilmente.

Si può impiegare anche la normale torba, ma è necessario mantenerla piuttosto umida attraverso irrigazioni localizzate a goccia o con tubo poroso: in caso contrario si asciuga e si polverizza, perdendo le sue potenzialità di coibentazione.

Lapillo e altri materiali lavici.
Sono prodotti naturali inerti che non interagiscono con le componenti del suolo. Sono decorativi e facili da reperire in diversi colori e tipologie. Adatti anche alla copertura di aiuole e vasi, non si decompongono e non partecipano al ciclo biologico del suolo. Hanno una lunga durata: possono rimanere inalterati per parecchi anni e l'aspetto è decorativo. Indicati anche per piante succulente.

Pigne, utili e belle

■ Le pigne intere si possono impiegare per decorare e coprire la terra in vasi e aiuole di piante sempreverdi o di fiori stagionali (ciclamini, eriche, cavoli ornamentali): danno un piacevole tocco country, apprezzabile soprattutto in inverno. In primavera sarà facile eliminare le pigne per dare spazio alle fioriture estive. Non conviene riutilizzarle: raccoglietele durante una passeggiata nei boschi.

■ I gusci di pigna sono un materiale gradevole e si prestano a numerosi impieghi. È un materiale leggero e facile da utilizzare, ma la leggerezza può essere un problema in zone ventose o frequentate da animali domestici: gatti e cani possono divertirsi molto a scavare tra le scaglie di pigna. È possibile reperire i gusci già pronti nei garden center.

Le regole per un lavoro ben fatto

- Le pacciamature organiche si applicano in autunno (dopo la caduta delle foglie) se devono svolgere anche una funzione termoregolatrice invernale; oppure in primavera se l'arricchimento del terreno è prioritario; o in qualsiasi periodo dell'anno per trattenere umidità e eliminare erbacce, ma sempre su terreno lavorato e non compattato, umido e libero da infestanti.

- Evitate di pacciamare se il terreno è asciutto, saturo d'acqua, freddo o gelato perché la pacciamatura protrarrebbe la situazione creando maggior danno.

- Le pacciamature ornamentali si distribuiscono tutto l'anno, ma in presenza di alberi o arbusti caduchi é preferibile la primavera perché si conserva meglio l'effetto estetico.

- Utilizzate di preferenza materiali locali e di facile reperimento, in particolare nel caso di ghiaia e pietra sminuzzata che si integrano meglio con l'ambiente circostante.

- In caso di infestanti perenni persistenti, preferite materiali pesanti applicati su membrana in tessuto di plastica, aumentando lo spessore della pacciamatura.

- Evitate di accumulare materiale organico alla base di steli o tronchi per non favorire l'insorgere di infezioni fungine.

- Riordinate l'aspetto delle pacciamature ripassandole periodicamente con un rastrello a denti larghi per materiali di medio taglio (frammenti di pietra) o più stretti per ghiaia fine e simili, raccogliendo così foglie e detriti e 'pettinando' la superficie.

Anche i materiali inorganici, come la ghiaia fine e i ciottoli di lapillo (materiali leggeri e inerti), possono essere utilizzati per pacciamare. In questo caso si perdono gli effetti di miglioramento del suolo, ma rimangono gli altri vantaggi prima elencati.

L'uso della ghiaia o dei frammenti di pietra è una tecnica utile in luoghi aridi, perché permette di conservare bene l'acqua del suolo: sassi, ciottolini e pomice vulcanica trattengono l'umidità e sono decorativi; inoltre allontanano gatti e cani dalle aiuole e dai vasi, impedendo le loro fastidiose attività di scavo sulle piantine da fiore.

Esistono in commercio numerose tipologie di teli per pacciamatura pronti all'uso: si utilizzano per l'orto, le siepi e le bordure di arbusti, tagliando i fori in corrispondenza delle piante.

I teli possono essere a schermo totale o di tipo traspirante, idoneo per arbusti, siepi e rosai. Per mascherarli, dal momento che il loro aspetto è artificioso e inestetico, copriteli con corteccia tritata di tipo grossolano. Il tipo detto 'geotessile' ha una buona capacità filtrante ed è di lunga durata.

Quando e come pacciamare

In autunno la sistemazione di una buona pacciamatura protegge le radici delle piante dal gelo. Ma è in primavera-estate che i vantaggi sono molto visibili: le malerbe nascono con più difficoltà e sono meno frequenti. Controllate periodicamente lo stato delle pacciamature: quelle di materiale organico, come la corteccia e le scaglie di pino, vanno rinnovate periodicamente o reintegrate per garantire che lo strato sia sempre consistente.

Pacciamature decorative per effetti speciali

■ Gioco di scacchi

Riquadri di manto erboso o piante tappezzanti alternati a ghiaia di vetro colorata: per un allestimento temporaneo di sicuro effetto.

■ Un tappeto di conchiglie

Per aiuole in giardini al mare o piante in vaso, le conchiglie sono una soluzione divertente, ma attenzione a non usarle su specie che non gradiscono il calcare.

■ Intorno a un giovane albero

L'aiuola ai piedi di un nuovo esemplare, bordata con mattoni di terracotta, è riempita con frammenti di pietra, che protegge il terreno dalla veloce evaporazione e svolge una funzione decorativa.

■ Un cortile all'ombra

In condizioni completamente ombreggiate il tappeto erboso non potrebbe crescere: per quest'angolo ingrato è stata scelta una soluzione giocata sui colori vivaci di ghiaia e pietra in tinte diverse, naturali o artificiali. Così si esalta l'allestimento degli oggetti-scultura, posti sullo sfondo della recinzione fatta da sezioni di tronco.

AIUOLE E BORDURE FACILI

Difficile immaginare un giardino senza bordure fiorite, elemento mutevole che cambia nelle stagioni e negli anni.

Se gli alberi e gli arbusti rappresentano l'ossatura del giardino, le aiuole e le bordure sono l'elemento mutevole, quello più atteso e spettacolare. Proprio per la loro importanza, le aiuole (o le bordure, dove sono disponibili solo strette strisce di terreno) devono essere ricche e ben curate: si è portati a pensare che questo risultato comporti molta fatica per ottenerlo. È vero solo in parte; certamente, è faticoso e impegnativo prendersi cura di molte aiuole disseminate in un grande giardino e piantate con specie che richiedono continue attenzioni Tra le più esigenti ci sono quelle con alti steli, come i delphinium e i penstemon, che vanno continuamente fissati ai tutori, e le specie che continuano a fiorire solo se si tagliano subito gli steli con i fiori appassiti.

Un'aiuola di piante annuali richiede più interventi rispetto a un'area di erbacee perenni, perché le prime vanno piantate ogni anno a primavera. Ma va detto che molte annuali richiedono poche attenzioni, mentre le perenni hanno bisogno di manutenzione a fine stagione per prepararle all'inverno. Una regola fondamentale è quella di documentarsi sulle esigenze delle piante, prima di acquistarle. La collocazione giusta in base all'esposizione e al tipo di terreno non solo riduce sensibilmente il lavoro di manutenzione, ma soprattutto rende l'aiuola o bordura molto più bella.

La bordura fiorita, spettacolo sicuro

A destra in alto, una bordura con delphinium, aquilegie, heuchera, salvie da fiore e il tocco d'argento dell'artemisia: perenni che amano un clima fresco e una posizione riparata dal sole forte. Sotto: le dimensioni gigantesche di foglie e fiori non lasciano immaginare che si tratta di piante annuali, messe a dimora in primavera. A sinistra, un'annuale insolita: *Salvia splendens* 'Pharaoh Burgundy', tra le vincitrici del premio internazionale Fleuroselect.

Progettare gli spazi fioriti

Prima di scegliere le specie da acquistare o seminare, è importante progettare l'area in cui collocarle, in base allo spazio disponibile in giardino. La posizione può essere al sole, a mezz'ombra o all'ombra: in tutti e tre i casi esistono specie erbacee da fiore annuali o perenni adatte a queste condizioni di illuminazione. Sbagliare la scelta in funzione dell'esposizione significa avere un risultato deludente.

La forma delle aiuole e delle bordure influisce sul lavoro di manutenzione. Se è lineare e stretta, farete meno fatica a curare i fiori all'interno, e si agevola il taglio del prato che confina con l'area fiorita. Le aiuole larghe creano problemi di accesso alla zona centrale: conviene lasciare un camminamento, eventualmente rivestito con lastre di legno o di pietra, per arrivare agevolmente anche nell'area centrale o ai bordi, se è a ridosso di un muro. In una stessa aiuola o bordura dovete piantare specie che abbiano esigenze analoghe in termini di esposizione, terra, acqua e concime; in caso contrari, qualche specie crescerà in modo stentato.

Nella scelta delle specie, pensate a quale risultato finale volete ottenere. Il colore è la prima cosa che si nota, insieme all'armonia o al contrasto con il fogliame o le fioriture circostanti. In una stessa aiuola o bordura i colori possono essere uno solo, due in contrasto (per esempio, viola e giallo), tre in sfumatura (per esempio bianco, lilla e

Seminare le piante perenni

■ Per ottenere piante perenni, si può partire dai semi: in estate raccogliete le capsule dei fiori, contenenti i semi, e conservateli in sacchettini correttamente etichettati, oppure utilizzate le bustine reperibili in commercio. Seminate a inizio primavera, in vaschette da vivaio con terriccio leggero mescolato a granuli di perlite. Mantenete in un luogo tiepido e luminoso.

■ Entro un mese le piantine nate dai semi saranno alte 5-6 cm: per ogni cella scegliete l'esemplare più grande e robusto ed eliminate gli altri. Quando sarà alto 10 cm, trapiantatelo in un vasetto singolo: in questo modo viene favorito l'attecchimento in aiuola. Una volta raggiunti i 15-20 cm, sarà pronto per il trapianto in piena terra, da fine aprile a metà di maggio.

blu). In pieno sole, i colori pieni e forti (giallo, rosso) risultano sempre ben visibili; in penombra conviene puntare su tonalità quiete e luminose (bianco, rosa...). Non trascurate l'utilizzo di specie da fogliame: richiedono una manutenzione ridottissima e servono a interrompere gruppi densi di piante della stessa specie o colore, rendendo interessante la composizione.

Aiuole fiorite in inverno

Non rinunciate a bordure vivacemente colorate anche in inverno: fra ottobre e gennaio potete piantare eriche, ciclamini e cavoli ornamentali; fra gennaio e aprile è il momento di primule, viole del pensiero, ellebori.

Semina o acquisto di piante pronte?

Potete partire da seme o acquistare le piantine già pronte in vivaio o garden center. Seminando già a dimora, eviterete l'operazione di ripicchettaggio, vale a dire di trapianto dal vassoio di semina al vasetto e poi alla piena terra. Non tutte le specie danno buoni risultati con la semina a dimora e può essere necessario un intervento di diradamento, soprattutto quando i semi sono molto piccoli. L'acquisto delle piante permette di risparmiare tutta la fatica di seguire le piantine appena nate, ma il costo di ogni esemplare è sensibilmente più elevato. Al momento

Acquistare le perenni in vaso. Sopra a sinistra, un esemplare di lupino: nei garden center le perenni sono spesso proposte in vaso, già sviluppate. Scegliete quelle più folte, svasatele per esaminare la zolla radicale che deve presentarsi soda, leggermente umida e sana. A destra: a distanza di meno di due mesi, il lupino 'Noble Maiden' nella sua trionfale fioritura, che dà il meglio in terreni freschi e non concimati con letame. Asportando le infiorescenze appassite se ne formeranno altre.

■ Nuove piante ogni primavera

Se desiderate ogni anno vedere una fioritura diversa nelle vostre aiuole, dovete scegliere le piante annuali: costano poco e crescono rapidamente. Si acquistano in aprile, quando sono alte 15-20 cm, e si mettono a dimora subito dopo l'acquisto, a una distanza minima l'una dall'altra di 15-20 cm a seconda della specie. In breve tempo cresceranno e inizieranno a fiorire fino a settembre-ottobre, quando andranno eliminate e sostituite con specie stagionali autunnali. In alternativa all'acquisto degli esemplari già pronti, potete seminare in vaschette seminiera o, alcune specie, direttamente in aiuola (nasturzio, pisello odoroso, ipomea ecc.).

Ai fiori potete intervallare specie da foglia come il *Coleus* e l'*Hosta*.

A sinistra dall'alto: le foglie coloratissime del coleus; la robusta e generosa zinnia 'Profusion White', selezione Fleuroselect; il girasole nano, ideale anche in vasi e cassette. Sotto: bocche di leone.

dell'acquisto scegliete piante compatte e folte. Non acquistate esemplari disidratati. Conservate i vostri acquisti in zona fresca, umida e ombreggiata fino al trapianto; è bene che non trascorra più di una settimana, altrimenti potrebbero insorgere segnali di sofferenza. Per concentrare le operazioni in un solo momento dell'anno (alla metà della primavera), acquistate già in aprile anche le piante, come gli astri, che fioriranno solo in settembre: in questo modo non dovrete più piantare nulla nell'aiuola fino a ottobre.

Le cure consigliate

Al momento della preparazione dell'aiuola, incorporate al terreno alcune manciate di un buon concime granulare a lenta cessione per piante da fiore: per almeno due mesi non dovrete più preoccuparvi di concimare. Subito dopo il trapianto, le piante vanno seguite con annaffiature regolari per circa un mese. È meglio prevedere la stesura dei tubi per la microirrigazione, collegandoli alla centralina dell'impianto automatizzato: non sarete più vincolati alle annaffiature, soprattutto in estate durante le vacanze, e risparmierete parecchio tempo. Eliminate i fiori sfioriti, soprattutto delle piante perenni, per prolungare il più a lungo possibile la fioritura. In caso di malattie, trattate con un prodotto specifico le piante ammalate o sostituitele con altre sane.

Perenni, un anno dopo l'altro

■ Comporre le aiuole con le piante perenni dà la sicurezza di avere belle fioriture per parecchi anni senza troppa fatica: basterà recidere i fiori sfioriti in estate, tagliare i cespi all'altezza di 10 cm in autunno e pacciamare con materiali organici l'aiuola in vista dell'inverno. In marzo è necessario concimare per rigenerare la fertilità del suolo, perché la maggior parte delle specie da fiore assorbe molto nutrimento.

■ Solo ogni 4-5 anni qualche cespo potrebbe aver bisogno di una divisione, perché è diventato troppo denso e stenta a fiorire. L'operazione va compiuta a inizio primavera, e a questo scopo conviene, nell'autunno precedente, lasciare la parte aerea anche se rinsecchita. Sarà più facile capire dove sono gli esemplari da estirpare per la divisione del cespo radicale, operazione che può essere difficile se la chioma è stata tagliata.

SIEPI E CESPUGLI A BASSA MANUTENZIONE

Impedire le intrusioni, ostacolare vento, rumore e polveri inquinanti: tanti buoni motivi per valorizzare siepi e arbusti.

Difficilmente un giardino è privo di siepi. Al suo perimetro, quasi sempre si pianta una bordura di arbusti, per delineare il confine, per evitare le intrusioni (soprattutto se è composta da piante spinose), come schermo per la privacy e come barriera antirumore, in prossimità di arterie stradali, e come frangivento. Ma una siepe è anche un elemento di bellezza, se è composta da piante che fioriscono in modo appariscente o che presentano un fogliame particolare. Inoltre, contribuisce a mantenere nel giardino un microclima migliore, limitando gli sbalzi di temperatura e conservando umidità nel suolo e nell'aria, durante l'estate. Infine, va detto che la sua importanza biologica è enorme: fra i rami fitti e le fronde impenetrabili trovano rifugio animaletti come le coccinelle e le crisope (entrambi sono insetti innocui per l'uomo, che si nutrono di parassiti delle piante). Alla base dei gruppi di arbusti trovano rifugio le lucertole e i ricci, e alcuni tipi di uccelli possono decidere di fare il nido nell'intrico del fogliame. Queste creature, fondamentali per l'ecosistema, sono eccellenti alleate del giardiniere per conservare la salute delle piante.
Siepi e gruppi arbustivi sono elementi durevoli: è dunque consigliabile valutare la scelta perché essa influenzerà l'estetica, la vivibilità e il livello di manutenzione del giardino, per molti anni.

Arbusti da siepe di lunga bellezza

A sinistra, oleandro: in climi miti è la soluzione che offre il miglior rapporto fra prezzo della pianta, periodo di fioritura (lunghissimo) e cure richieste (minime). A destra in alto, siepe di rincospermo (falso gelsomino) e buganvillea, per zone con inverno mai gelido. Sotto a sinistra: cubi di evonimo dorato davanti a un filadelfo. Attenzione: l'evonimo è sensibile alle cocciniglie. A destra, biancospino: minime esigenze, belle bacche in autunno.

La scelta delle specie per siepi e gruppi misti di arbusti

Per svolgere la sua funzione di protezione e di schermo, la siepe preferita nei giardini di oggi è composta da specie sempreverdi, che mantengono il fogliame per tutto l'anno. La scelta può cadere sulle conifere, come tuia, cipresso di Leyland e tasso. Ci sono poi le sempreverdi a foglia larga, come aucuba, lauroceraso, fotinia, e quelle con fogliame medio o piccolo: bosso, ligustro, cotoneaster, piracanta, biancospino, nandina, eleagno, evonimo, mahonia, berberis, oleandro e tante altre. Fra le piante caducifoglie, l'unica che viene spesso utilizzata per siepi schermanti è il carpino bianco, perché mantiene le foglie secche sui rami fino alla primavera, quando emette le nuove foglie: quindi la sua funzione protettiva e fonoassorbente viene conservata anche durante l'inverno.

Le conifere sempreverdi rimangono sempre uguali durante tutto l'arco dell'anno: la siepe sarà sempre bella folta, ma risulterà un po' monotona. Le sempreverdi a foglia larga in primavera si riempiranno di giovani getti di un colore verde molto tenue; inoltre, alcune fra le specie sopra elencate, fra aprile e agosto, offrono fiori più o meno vistosi: è il caso del ligustro, del piracanta, del cotoneaster, della mahonia, della berberis e dell'oleandro. La presenza di bacche a partire da agosto-settembre è un altro elemento da valutare per creare una bordura mutevole e interessante.

Per chi vuole fiori a bassa manutenzione. Il pittosforo (a sinistra) è sempreverde, ha fiori profumati e difficilmente si ammala; buona la resistenza al freddo anche in Pianura Padana. La *Kerria japonica* (a destra) resiste fino a 1000 m d'altitudine; forma siepi folte grazie alla capacità di produrre polloni dalla base, ogni anno; raggiunge rapidamente i 2 m d'altezza (anche i 3 m se utilizzate la varietà 'Pleniflora').

Siepi e cespugli da fiore

Per mettere in evidenza i cambi stagionali si può combinare alle specie sempreverdi qualche pianta da fiore; a tale scopo è bene chiedersi quali sono i momenti in cui maggiormente il giardino viene vissuto e osservato. Ad esempio, per la seconda casa, frequentata solo durante la bella stagione, o per i giardini che non vengono utilizzati in inverno, è meglio evitare l'uso di specie a fioritura precoce come forsizia o mahonia, a favore di piante che diano colore dalla tarda primavera alla fine dell'estate: filadelfo, kerria, rincospermo o falso gelsomino, ibisco siriaco, weigela, passiflora, rose rampicanti, oleandro, buganvillea ecc. Tutte queste specie durante il resto dell'anno non sono particolarmente interessanti e la maggior parte di esse in inverno perde le foglie, lasciando la siepe nuda.

In giardini vissuti tutto l'anno si può combinare il valore della foglia persistente con quello della fioritura: pittosforo, piracanta e ligustro hanno questa caratteristica, ma la fioritura è legata a un corretto regime di potature.

Stop agli intrusi

■ Piante come l'agrifoglio (che ha anche un buon potenziale antirumore), il piracanta, il crespino (*Berberis*) o il prugnolo comune, dotato di feroci spine, svolgono efficacemente un ruolo di barriera impenetrabile. Al Sud, a tale scopo si può usare anche il convincente fico d'India.

■ Anche le siepi sempreverdi alte costituiscono una buona difesa: i vari *Chamaecyparis*, i cipressi, i tassi e le tuje possono superare i due metri.

Per ridurre la manutenzione...

■ Scegliete bene il tipo di siepe

Le sempreverdi hanno crescita lenta: dovrete potarle solo una-due volte l'anno, in autunno e in maggio per regolarne la forma. Le piante da fiore richiedono più attenzioni per evitare che si svuotino alla base: la potatura autunnale va svolta dal terzo anno in poi, per ottenere un rinnovamento dei rami più vecchi e aiutare la formazione di nuovi germogli.

■ Valutate l'altezza e la larghezza

Valutate l'altezza finale desiderata, ma anche la larghezza disponibile, fattore che spesso viene sottovalutato. Oltre alle limitazioni imposte dal Codice Civile, considerate che in spazi ristretti è meglio una siepe formale a foglia piccola o aghiforme, che facilmente può essere potata in modo preciso con cesoie o tagliasiepi. Una siepe mista informale in un piccolo giardino può diventare, nel giro di pochi anni, un vero problema a causa della sua invadenza. Mantenete l'altezza massima della siepe a un livello tale da consentirne la potatura senza uso della scala, se mirate a ridurre al minimo la fatica. Una siepe larga non più di 50-60 cm semplifica le operazioni di taglio alla sommità.

I segreti per una bella siepe da fiore

Per ottenere una bella siepe da fiore ci sono alcuni accorgimenti che permettono di avere risultati ottimali.

Innanzitutto, non mescolate tante specie: è meglio piantarne non più di 2-3, con fioriture cromaticamente armoniose. Le lantane, gli oleandri e gli ibischi di Siria sono straordinari se coltivati da soli nella siepe: la gamma dei colori dei fiori è così vasta che non servono altre specie.

Le piante rampicanti sono adatte a ricoprire una cancellata: la loro vitalità è tale da non richiedere la mescolanza di specie diverse. Potete anche prendere spunto dalla natura o dalle campagne: la mescolanza di specie arboree e arbustive, in parte da frutto, genera una preziosa variabilità stagionale. Questa soluzione, chiamata "siepe mista", è indicata solo per giardini grandi, dove le piante possono essere lasciate libere di svilupparsi con un minimo controllo del giardiniere per evitare che diventino invadenti.

In un giardino piccolo, l'elevato numero di specie provoca un senso di confusione; risulta molto più impegnativo contenere la dimensione. La siepe rischia di diventare invadente e di creare problemi con i vicini, a causa dei rami che si allungano nelle proprietà altrui.

I tipi di siepe e il loro grado di manutenzione

Esistono diversi tipi di siepe in relazione al grado di manutenzione che richiedono. La più impegnativa è quella definita siepe formale: geometrica, squadrata,

Con il bambù la siepe più fitta. Il bambù assicura una siepe fitta, bella, durevole, sempreverde e priva di malattie, ma fate attenzione alla sua invadenza: le radici emettono germogli anche a grande distanza dalla pianta madre. Contenete le radici al momento dell'impianto con le apposite barriere interrate ed eliminate i germogli nati negli spazi indesiderati..

Come creare barriere antismog e antirumore

■ Stop alle polveri inquinanti

In città e vicino a grosse arterie di traffico, c'è un modo per limitare il rumore e filtrare le polveri cariche di agenti inquinanti. La condizione è che il giardino sia sufficientemente ampio per ospitare una siepe libera di notevole larghezza, in grado di formare una vera e propria barriera verde a boschetto. Occorre costituire 3-4 file di piante o anche più, composte da un misto di arbusti sempreverdi e caduchi e, se possibile, anche qualche alberello. In campagna si usano specie spontanee o consone all'ambiente, mentre in città la gamma comprende tutti gli arbusti da giardino.

Prevedete una larghezza minima di 4-5 m perché le piante possano svilupparsi in modo naturale. A seconda della lunghezza disponibile si possono associare 6-10 tipi di arbusti, sia a foglia caduca che sempreverdi. Le piante più alte si dispongono lungo il perimetro esterno, mescolate con arbusti di taglia inferiore. Questa barriera diventa un rifugio ideale per uccelli e piccoli animali.

■ Ostacolare lo smog

Il fogliame delle conifere folte, come tuja, leylandi e tasso, filtra l'aria in modo efficiente grazie alla trama fitta e sottile dei rami e degli aghi. Le pareti verdi di questo tipo sono consigliabili nei giardini confinanti con strade di grande traffico e per le zone ventose in cui le brezze dominanti portano polvere e residui. Per mantenere in salute le piante, sottoposte allo stress di un vero e proprio bombardamento inquinante, è consigliabile applicare un corretto regime di irrigazioni e concimazioni, a cui aggiungere frequenti lavaggi del fogliame, nelle ore serali, per liberarlo dalla polvere accumulata.

■ Ripulire l'aria

Tutte le piante da siepe a foglia larga, come lauro e aucuba, ma anche rampicanti come l'edera e alberi come la catalpa o il tiglio, svolgono un efficiente 'lavaggio' dell'aria dagli agenti tossici, in particolare il benzene emesso dai motori.

■ Ridurre il rumore

Le migliori caratteristiche fonoassorbenti sono espresse dalle bordure di arbusti a foglia folta e di media dimensione: sommaco, lillà, lauroceraso, pittosforo e oleandro danno buoni esiti, insieme al bambù che sostituisce al rumore della città quello delle sue foglie mosse dalla brezza.

■ Le rose da bacca

Alcuni rosai hanno la prerogativa di produrre vistosi frutti rossi che perdurano a lungo sui rami. Le botaniche come *R. moyesii* e *R. spinosissima* (a sinistra), le varietà 'Penelope' e 'Ballerina', le rose rugose e gli ibridi di *R. moschata* offrono una fruttificazione particolarmente decorativa.

■ Il nocciolo

Il comune nocciolo italiano, *Corylus avellana* (sotto a sinistra) è indicato per zone con inverni freddi, ma non tollera bene le aree calde e asciutte. Ottimo componente per siepi miste: in gennaio i rami nudi si coprono di amenti (infiorescenze pendule) dorati che oscillano al vento.

■ La nandina

Come piccolo arbusto o componente di siepi basse, *Nandina domestica*, (qui sotto) sempreverde di origine cinese, offre numerosi motivi di interesse: i giovani getti hanno foglie rosso vivo e ai fiori bianchi seguono belle bacche rosse, per vari mesi.

richiede interventi di potatura frequenti e regolari per mantenere la silhouette impeccabile. Ciò significa che, in genere, dalla primavera all'autunno dovrà essere potata ogni mese e mezzo per eliminare i nuovi rametti che rovinano la sagoma. Inoltre, la linea di taglio dovrà essere sempre perfettamente diritta e parallela al suolo, senza gobbe o avvallamenti. Numerosissime sono le specie adatte; oltre ai classici tasso, bosso e ligustro, si possono impiegare il profumato rosmarino, la veloce lonicera, il berberis per avere fogliame rosso, e moltissimi tipi di conifere. Alcune di esse, caratterizzate da crescita lenta, possono essere potate solo due-tre volte l'anno. Fa eccezione il Leylandii, molto apprezzato perchè da giovane la crescita è rapida e la siepe si infoltisce con soddisfacente velocità, ma in seguito questa caratteristica diventa un problema, obbligando a potature frequenti.

La siepe informale è così chiamata in quanto le piante sono libere di crescere, con potature non più di una o due volte l'anno, solo per limitare l'invadenza e togliere rami malati o troppo folti. La bellezza di questo tipo di siepe risiede nell'effetto spontaneo e naturale, che permette di isolare il giardino dal mondo esterno conferendo al luogo una nota di bellezza selvaggia. Le esigenze di manutenzione sono minime. Per questo tipo di siepe si utilizzano fotinia, nandina, oleandro, deutzia, spirea, kerria, forsizia, filadelfo, ibisco siriaco, e tanti arbusti spontanei locali: prugnolo, maggiociondolo e arbusti campestri al Nord, macchia mediterranea nelle zone meridionali e costiere.

Due stagioni decorative. Questa siepe mista, con una forte percentuale di piracanta, è riccamente fiorita in tarda primavera; da agosto, appaiono i frutti che permangono fino a gennaio-febbraio, quando sarà tempo di potare.

Creare e Curare i Laghetti

Stagni e laghetti portano una nota di naturalezza. Se c'è equilibrio biologico, la manutenzione non è impegnativa.

Un laghetto regala vita e movimento al giardino, porta una sensazione di freschezza e serenità. Spesso si rinuncia alla creazione di zone acquatiche pensando che si tratti di opere troppo complesse da realizzare e da mantenere: non è così. Se il laghetto è ben progettato ed è nel luogo giusto, richiederà poca cura e l'area troverà un proprio equilibrio biologico.

Innanzitutto valutate che tipo di spazio avete a disposizione: il laghetto deve essere in pieno sole e lontano dagli alberi, che lasciano cadere le foglie nell'acqua.

Il luogo prescelto deve essere facilmente raggiunto dalla rete elettrica e idrica, e deve essere facilmente accessibile per i lavori di costruzione. Un buon impianto d'illuminazione, intorno e nell'acqua, lo renderà godibile e suggestivo in qualsiasi stagione.

In base allo stile del giardino potrete optare per vasche di aspetto naturale, con bordi morbidi e sinuosi, oppure per strutture formali, adatte ad ambienti eleganti. Fondamentale è la presenza di piante acquatiche, tenendo presente che, nelle zone con inverno freddo, molti tipi di ninfea andranno levati dall'acqua e ricoverati in serra fredda durante l'inverno. Alcune piante vengono danneggiate dai pesci come le carpe koi, ma tanti altri pesci, come il pesce rosso, convivono felicemente con le piante acquatiche.

Formale e informale

Nella pagina accanto, due laghetti di stile diverso: quello formale (sopra) è caratterizzato da vasche geometriche, mentre lo stile informale (sotto) si ispira agli stagni naturali, con le rive sassose e popolate di erbe.
Qui a sinistra, il fiore del giacinto acquatico, specie molto vigorosa e di facile coltivazione, ma talmente adattabile da diventare invadente. Può essere coltivato anche in vasche, su terrazzi e balconi.

Come mantenere sano il laghetto

Il segreto per ridurre al minimo il lavoro di manutenzione è quello di ottenere l'equilibrio biologico dell'ambiente acquatico, grazie al quale l'acqua rimane pulita, ben ossigenata, senza alghe e senza odori, le piante rimangono rigogliose e i pesci vivono bene. Per mantenere pulita l'acqua bisogna installare un filtro, inserire una pompa che alimenta un gioco d'acqua o una cascatella, introdurre le piante ossigenanti, togliere regolarmente, con il retino, le foglie e i detriti, concimare pochissimo le piante acquatiche e solo all'inizio della stagione, dare ai pesci solo la quantità di mangime che essi consumano in cinque minuti.

Un altro elemento che gioca a favore è l'esposizione al sole per molte ore al giorno, ma le foglie delle ninfee devono coprire circa la metà della superficie dell'acqua, in modo da produrre un po' d'ombra per le piante sommerse e i pesci. Il laghetto non deve essere sovraffollato di piante e di pesci: sono tutti organismi viventi che devono avere lo spazio necessario per vivere, crescere e muoversi.

Quasi tutte le operazioni di pulizia e manutenzione si svolgono una sola volta all'inizio della stagione; in estate è sufficiente prevedere pochi minuti del vostro tempo, una volta ogni 10-15 giorni: sarà l'equilibrio biologico a lavorare per voi, lasciandovi liberi di godervi il vostro stagno ricco di fiori e visitato dalle libellule.

Intorno al laghetto, per ridurre la manutenzione. *A sinistra, ci sono fioriture, graminacee, canne. Il camminamento in legno consente un comodo transito per effettuare la manutenzione dello specchio d'acqua. A destra, il bordo in pietre conserva il prato in ordine.*

LA COSTRUZIONE DI UN LAGHETTO: VASCA, TELO O CEMENTO?

■ Le vasche rigide

Sono ideali per laghetti formali, in aree pavimentate. Esistono anche modelli per ruscelli e cascate.

■ Per un laghetto appoggiato sul terreno scegliete una forma regolare, quadrata, rettangolare o circolare; intorno al bordo potete costruire sponde in legno o mattoni. Le forme irregolari sono più adatte a un laghetto interrato. I modelli in vetroresina sono i migliori; più economici sono quelli in PE (politene) o plastica termoformata. Per allevare pesci, la vasca dovrà essere ampia e profonda (almeno 4 x 4 x 1 m).

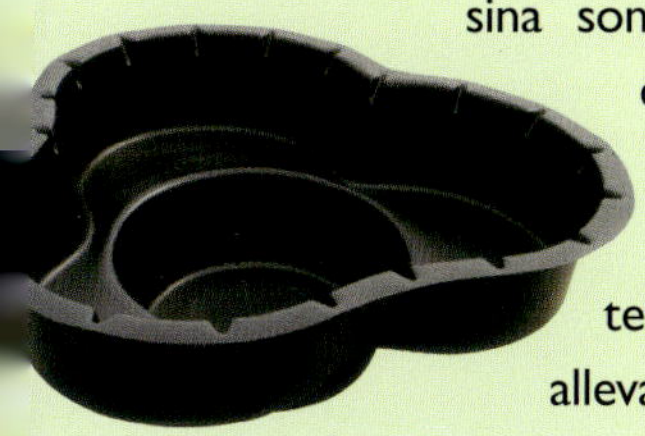

■ Per installare la vasca, appoggiatela a terra e tracciate la sagoma sul terreno. Effettuate lo scavo, pareggiando il fondo con un'asse e la livella. Create i necessari gradini nella terra. Posate la vasca, riempitela e mascherate il bordo con ciottoli o pietre.

■ I teli in plastica o PVC

Sono idonei per laghetti su misura e informali e per creare aree con piante da palude e da riva, posizionate su gradini perimetrali, a bassa profondità. Per proteggere i teli dal contatto con corpi taglienti, è consigliabile rivestire il fondo dello scavo con l'apposito telo di feltro. I teli non sono adatti per un laghetto quadrato o rettangolare perché risulta difficile ottenere precisi angoli retti.

■ I teli si acquistano già pronti, oppure in metratura. Il PVC è il materiale più utilizzato: il tipo rinforzato è più sicuro (anche se più costoso). Il PE è molto economico, ma dura meno.

■ Per installare il telo, tracciate sul terreno la sagoma con l'aiuto di una corda. Scavate la terra e create i gradini per le radici delle piante da riva. Aiutatevi con una livella appoggiata su un'asse di legno. Stendete il feltro protettivo e il telo ben aderente alla terra, con margine sufficiente a coprire bene i bordi. Sui bordi, il telo verrà mascherato con sassi e pietre o con teli di juta o di fibra di cocco, ai quali si ancorano le radici delle piante da riva.

■ Le strutture in cemento

Le vasche di forma regolare possono essere realizzate con fondo in cemento, rivestito con telo da laghetti. La soluzione è indicata per particolari disegni (ad esempio le vasche lunghe e strette).

Scegliere i pesci per il laghetto

Una superficie d'acqua di 30 x 30 cm basta per un pesce di 5 cm di lunghezza. Ciò significa che uno stagno di 9 mq potrà ospitare 500 cm di pesci. In pratica: 100 pesci di 5 cm, 50 pesci di 10 cm o 25 pesci di 20 cm oppure pesci di diversa misura, purché la lunghezza totale non ecceda il limite di 500 cm. Fa eccezione la carpa: questo grande pesce ha bisogno di almeno 120 x 90 cm di spazio per vivere in salute.

Idea insolita: la bio-piscina. Un laghetto nel quale poter nuotare, in acqua pulita e non trattata chimicamente: soluzione possibile grazie alle moderne tecnologie di ecodepurazione. L'effetto naturale può essere sottolineato dalla presenza di qualche pianta acquatica, che non è di ostacolo alla balneazione. Nella foto, una realizzazione del paesaggista Roberto Malagoli.

Mese per mese, le operazioni necessarie

In gennaio, se si forma il ghiaccio in superficie, apritelo appoggiandovi una pentola piena d'acqua bollente. In febbraio, raccogliete con il retino le foglie morte e i residui caduti in acqua; potate le piante da riva a 10 cm di altezza. In marzo controllate la pompa, i filtri e i giochi d'acqua: puliteli e accertatevi che funzionino bene; verso la metà del mese in Meridione o la fine di marzo nel Nord Italia poneteli in opera nel laghetto. Sempre in marzo, verso la fine del mese ricominciate a dare il mangime ai pesci. In aprile riportate nello stagno le piante che hanno trascorso l'inverno al riparo, concimatele con pochi granuli di fertilizzante; acquistate nuove piante e nuovi pesci, se c'è spazio a sufficienza nell'acqua o se c'è bisogno di rinnovare la vegetazione.

In maggio togliete dall'acqua del laghetto i residui portati dal vento. In giugno tagliate i fiori sfioriti delle piante acquatiche (con l'apposito attrezzo) e da riva per evitare che vadano a seme e si moltiplichino troppo; se non li avete già, acquistate subito dei pesci, ad esempio le gambusie, perché si cibano delle larve delle zanzare. In luglio e in agosto controllate il livello dell'acqua, aggiungendola se tende a calare con il caldo; tenete il gioco d'acqua acceso per diverse ore, per ossigenare bene l'acqua. In settembre, a fine mese, togliete le piante acquatiche delicate per ricoverarle in serra. In ottobre stendete una rete a maglie strette sulla superficie per raccogliere le foglie. In novembre smettete di dare da mangiare ai pesci. In dicembre mettete una palla nell'acqua: la mantiene in movimento e limita la formazione di ghiaccio.

Come avere cura delle piante acquatiche

■ Ninfee e loti

Il terreno sul fondo del laghetto deve essere profondo almeno 15 cm. Copritelo con 2-3 cm di sabbia, ciottoli o ghiaia in modo da proteggerlo dai pesci. La profondità di piantagione varia da 1 m per le ninfee più grandi, fino ai 7,5 cm per alcune specie e varietà nane, indicate per piccole vasche.

Rivestite un cesto con un pezzo di telo in plastica o juta (esistono sacche già pronte) e riempitelo di terra per laghetto umida. Ponete il rizoma a 4 cm dal bordo. Aggiungete terra fino a 1,5 cm dal bordo. Pressate e coprite con un po' di ghiaia che terrà ferma la terra e proteggerà le radici.

■ Le piante da riva

Giunchi, iris, tife ecc. sono piante dalla crescita rapida: quando diventano troppo grandi, potete dividerle per dar vita a piante più piccole. Toglietele dal laghetto e lavate via con cura la terra intorno alle radici. Spesso basta separare le piantine con le mani; nelle piante più grandi, separate con una forca da giardino le radici dure e intricate.

Piantate le nuove piantine in vasi separati, con un po' di cocci sul fondo, terriccio per laghetto e uno strato di ghiaia in superficie. Inserite i vasi in un contenitore poco profondo pieno d'acqua, dove si formeranno le radici. Dopo 15-20 giorni potrete trasferirle nella vasca. Se le avete divise in autunno, fatele svernare in serra o in un luogo non freddo e protetto: le trasferirete a dimora in tarda primavera.

IL GIARDINO DI ROCCE E SASSI

Le macchie di colore di una roccaglia portano in giardino una nota di naturalezza selvaggia che non comporta impegnativi lavori di manutenzione.

Ci sono molte buone ragioni per dedicare uno spazio al giardino roccioso. La ragione più semplice consiste nel fatto che una roccaglia ben progettata ha un alto valore estetico e diventa un punto focale in grado di definire e caratterizzare anche le zone verdi più piatte e banali. Inoltre, una roccaglia può essere costruita in uno spazio di qualsiasi dimensione, anche minuscolo. Il giardino roccioso aggiunge la dimensione verticale e la sensazione del movimento alle aree che appaiono troppo orizzontali e monotone. La roccaglia colora l'ambiente lungo tutto l'arco dell'anno grazie all'enorme varietà di piante alpine e di specie da fiore; se si inseriscono anche conifere sempreverdi, si otterrà una macchia di colore anche durante l'inverno e la roccaglia non sembrerà mai spoglia. L'ampia scelta di materiali minerali (sassi, pietre, lastre, ciottoli ecc.) rende il giardino roccioso adatto ad ambienti paesaggistici diversi, dalle coste alla pianura. Inoltre, la roccaglia si presta a interessanti abbinamenti con ghiaia, sabbia, corteccia o legno, indipendentemente dal materiale minerale di base. Un giardino roccioso ben progettato e ben costruito è un tipo di allestimento a bassa manutenzione: richiede solo qualche intervento durante i passaggi di stagione, ma nel resto dell'anno rimane in forma senza operazioni particolari.

Effetti naturali e sfruttamento dello spazio

Se una roccaglia viene ben concepita ed è realizzata con tanta cura e pazienza, può addirittura riprodurre gli affioramenti rocciosi spontanei tipici della zona e l'orientamento naturale delle pietre, com'è avvenuto nell'immagine a sinistra.
I pendii scoscesi possono diventare spettacolari, favorendo lo sviluppo di specie capaci di radicare in profondità, per contribuire al consolidamento.

Per ridurre il lavoro di cura occorre un buon progetto

La chiave del successo di un giardino roccioso sta in una corretta organizzazione preliminare. Innanzitutto, scegliete la collocazione per la zona rocciosa: tenete conto dei vostri personali desideri, ma anche di alcune regole fondamentali. Sono pochissime le piante da roccaglia che tollerano l'ombra per lunghi periodi, quindi è opportuno scegliere una posizione aperta e soleggiata.

A prescindere dalle dimensioni, che possono essere piccole o grandi, il progetto ha un senso se il giardino roccioso diventa un elemento di spicco: non deve essere confinato in una zona marginale o in un angolo poco visibile; ma non deve nemmeno essere posizionato al centro del prato perché sembrerebbe del tutto innaturale.

Come secondo passo nella progettazione, dovete scegliere le rocce. È meglio orientarsi verso le pietre del luogo che conferiranno un aspetto più naturale e saranno più facili da reperire; inoltre i costi di trasporto saranno ragionevoli. I materiali più tradizionali sono le pietre calcaree e l'arenaria, ma si può usare anche il tufo, leggero, poroso, facile da lavorare e adatto a ospitare piante.

Infine c'è il terzo elemento da considerare: le dimensioni, che dovranno essere proporzionate alla realtà del luogo. Lo spazio minimo per un giardino roccioso è, in genere, pari a 8-10 mq, ma può bastare anche un gruppo di rocce, circa 1,5 x 1 m.

Paesaggio mediterraneo. In questa composizione rocciosa, l'aspetto naturale e selvaggio è creato con l'uso di piante e cespugli che hanno colonizzato gli spazi fra le rocce. Lavande, rosmarini, cisti, iperico, mirto e *Hebe* sono combinati con specie perenni da fiore a bassa esigenza idrica, come gazania, lampranto, agapanto, dimorfoteca, nepeta...

Costruire un muretto a secco

■ Un'antica tradizione italiana

I muri a secco si costruiscono semplicemente posando le pietre l'una sull'altra, senza malta o altri leganti; non servono fondamenta, né opere di drenaggio. Se non si è esperti, è preferibile utilizzare pietre piatte, più facili da incastrare, anche se non permettono di creare sacche per l'inverdimento e danno un risultato meno naturale.

La posa di pezzi dalle forme più articolate o tondeggianti è meno semplice: bisogna riempire gli interstizi tra le più grandi con altri sassi di disegno appropriato. Per i muretti bassi si può mantenere la stessa larghezza dalla base fino alla sommità, mentre per quelli alti si dovrà prevedere una forma trapezoidale.

■ Attenzione all'altezza

Per ragioni di sicurezza è consigliabile costruire muretti non più alti di un metro. Per muri più alti è opportuno costruire una struttura portante in calcestruzzo, dotata di fondamenta, per poi rivestirla con le pietre, in modo che l'effetto sia quello del muro a secco.

■ La scelta delle fioriture

I muretti a secco hanno un'alta valenza estetica anche al naturale, completamente nudi. Si possono introdurre piante da roccaglia nelle sacche create tra le pietre, per dare un tocco di colore e di maggiore naturalità. Un bellissimo effetto si ottiene con *Mesembryanthemum crystallinum*, un'Aizoacea dal fogliame leggero e dalla splendida fioritura rosa primaverile. Molto grazioso è il cappero (*Capparis spinosa*), il cui portamento ricadente ben si addice al muro a secco. Idonei anche molti rampicanti autoabbarbicanti: sviluppano organi radicali che li rendono capaci di rimanere più o meno saldamente aggrappati ai supporti. Edera, *Ficus pumila, Ampelopsis veitchii tricuspidata* (la vite americana) e *Bignonia capensis* dalla copiosa fioritura rossa o arancio sono scelte idonee se si desidera coprire parzialmente un muro a secco piuttosto alto.

Un aspetto piacevolmente selvaggio. La roccaglia può richiedere qualche anno prima di assumere un aspetto maturo, come quella sopra a sinistra: è stata creata dall'uomo ma è indistinguibile da ciò che si può vedere in natura. Quando il giardino è su un terreno scosceso o formato da scalini di roccia (sopra a destra) è bene alternare cespugli o piante erette ad altre con portamento ricadente o strisciante, per naturalizzare la composizione.

La realizzazione di una roccaglia

La situazione ideale si verifica quando il giardino è irregolare e ondulato: la roccaglia può seguire le linee naturali del terreno. Se invece il suolo è piatto, sarà necessario costruire un basamento, in modo che le rocce formino cavità e terrazze in cui sistemare le piante. In entrambi i casi, il progetto iniziale richiede attenzione: disegnatelo sulla carta quadrettata oppure, per grandi allestimenti, fatevi aiutare da un professionista.

Tracciate con una corda i contorni dell'allestimento che avete in mente. Prevedete una superficie un po' più larga di quella progettata: quest'area, che ospiterà ghiaia o piante, servirà a creare una transizione naturale fra la roccaglia e il resto del giardino. Le rocce sono molto pesanti rispetto alle dimensioni (un elemento di 45 x 25 x 25 cm pesa circa 45-50 kg): pianificate la posizione da assegnare a ogni pietra importante, per non doverla spostare in seguito.

Il terreno deve essere lavorato e liberato dalle infestanti; scavatelo a una profondità di 45 cm e sostituite la terra con terriccio fertile, sciolto, ben drenante. Posate per prime le pietre che staranno alla base del pendio o nel punto più basso della roccaglia. Per ottenere un aspetto spontaneo, tutte le pietre dovranno essere sistemate in modo che le venature siano orientate nella stessa direzione. Ogni elemento roccioso va affondato bene nel terreno, per assicurarne la stabilità ed evitare che si inclini o si rovesci a causa degli spostamenti provocati dallo sviluppo delle radici, soprattutto quelle robuste di conifere e arbusti.

Disporre le piante nel modo giusto

Durante i lavori di costruzione, riempite man mano con il terriccio gli spazi intorno ai sassi e negli interstizi: se rimanessero zone vuote nelle fessure, in inverno potrebbe formarsi il ghiaccio e le radici delle piante non troverebbero nutrimento. Pressate la terra in modo leggero per garantire l'aerazione e il drenaggio. Il terriccio ideale è dato da sabbia, torba e terriccio fertile in parti uguali: consente un buon deflusso dell'acqua e trattiene la necessaria umidità. Prima di procedere con la piantagione dovete attendere qualche settimana, in modo che la roccaglia sia ben installata e il terriccio sia sceso nelle cavità. Se non piove durante questo periodo, innaffiate a pioggia in modo da aiutare la terra a trovare la posizione più naturale.
Trascorso questo breve periodo, scavate una buca, inserite la pianta, chiudete la buca comprimendo il terriccio intorno alle radici. Riempite gli ultimi 3 cm con pietrisco o altra pacciamatura, che va stesa anche nell'area circostante per mantenere l'umidità e limitare lo sviluppo delle erbacce indesiderate.
All'inizio innaffiate le piante regolarmente; in seguito, la maggior parte di esse richiederà poche attenzioni e vi darà grandi soddisfazioni.

Anche all'ombra. Specie amanti della penombra fresca, come *Hosta* e felci, decorano questa composizione rocciosa creata per formare un ruscello. Nei giardini di impronta naturalistica è consigliabile affidarsi a pietre locali, che meglio interpretano il sapore del paesaggio spontaneo.

Bulbose, una Scelta Felice

Richiedono pochissimo lavoro, costano poco e durano a lungo: questo gruppo di piante è perfetto per giardini e terrazzi a bassa manutenzione

Le piante da bulbo o da tubero sono consigliabili a chiunque abbia poco tempo a disposizione, e sono perfette per chi si accosta per la prima volta all'hobby del giardinaggio. Per coltivarle, infatti, bisogna rispettare poche e semplici regole. Va detto che facilità di coltivazione però non significa banalità: ogni anno i floricoltori olandesi immettono sul mercato numerose nuove varietà, diverse per il colore dei fiori, l'arricciatura o la frangiatura dei petali, l'altezza degli steli o la grandezza del fiore. Basta recarsi in un garden center in ottobre (per acquistare i bulbi a fioritura primaverile) o in marzo (per comprare i bulbi a fioritura estiva) per avere il massimo della scelta.

I bulbi a fioritura primaverile, come giacinti, narcisi, tulipani, scilla, crochi, bucaneve, mughetti ecc., devono essere piantati fra ottobre e novembre, perché devono avere il tempo di produrre un'abbondante rete di radici. Non preoccupatevi del freddo invernale: hanno proprio bisogno di sentire le basse temperature per fiorire. I bulbi a fioritura estiva, come dalie, gigli, hemerocallis, gladioli ecc., devono essere piantati in marzo-aprile e, al momento della piantagione, vanno dotati di un tutore (ad esempio una sottile canna di bambù) al quale legherete gli steli man mano che crescono, per evitare che il vento e il peso dei fiori li facciano inclinare o spezzare.

Da febbraio a ottobre, fiori senza problemi

Fritillaria meleagris produce in aprile piccoli fiori, nei toni del rosa,del viola e del bianco. Piantatela ai bordi del prato e sotto le siepi: si naturalizza con facilità. I bulbi fioriranno ogni anno, senza bisogno di cure. Nella pagina a destra: tulipani (in alto), una grande risorsa per avere fiori già da febbraio-marzo in poi, secondo le specie e varietà; sotto, un'aiuola di bulbose estive (gigli, calle, dalie, eucomis), generose fino all'autunno.

Le regole fondamentali per coltivare le bulbose

La prima regola consiste nel rispettare la profondità di piantagione richiesta da ciascuna specie. Il consiglio è quello di piantare il bulbo o il tubero a una profondità doppia rispetto alla sua altezza. Nelle fioriere i bulbi possono essere piantati un po' più in superficie: sbocceranno qualche giorno prima. In giardino, utilizzate per la piantagione l'apposito attrezzo, il piantabulbi, che riduce i tempi di lavoro e scava buche di dimensione adatta. I bulbi vanno piantati con l'apice rivolto verso l'alto, i tuberi con gli "occhi" (le gemme) più grossi rivolti verso l'alto. Per fiorire, quasi tutti i bulbi devono essere in posizione soleggiata: fa eccezione il mughetto, da piantare a mezz'ombra, e il giglio, che tollera una certa penombra, ma fiorisce più tardi e con meno fiori. In una fioriera o in un'aiuola, i bulbi che producono fiori su steli alti vanno piantati sul fondo, lasciando il primo piano a bulbose dai fiori più bassi. Subito dopo la piantagione autunnale, i bulbi vanno bagnati bene; durante l'inverno, se non piove, annaffiateli una volta al mese, non di più. I bulbi estivi che si piantano a primavera (dalie, gladioli, gigli ecc.) vanno bagnati con una certa regolarità, all'incirca una volta a settimana se non piove.

Cosa fare durante la fioritura

A partire da gennaio con il bucaneve e l'*Eranthis hyemalis*, il giardino si riempirà di fiori. Con un'attenta programmazione e scelta dei bulbi e dei tuberi giusti, le fioriture si possono prolungare fino a ottobre, con gli ultimi fiori di dalia.

Durante la fioritura, i bulbi richiedono ben poche cure. Basta un'annaffiatura una o due volte a settimana se fa caldo e non piove, e una concimazione mensile per i bulbi da fiore estivo. Importante la legatura degli steli a un tutore: quest'ultimo è indispen-

Un giardino in vaso. In una fioriera di 50 × 30 × 30 cm, in novembre collocate, rispettando le profondità di piantagione di ciascun bulbo, due bulbi di giacinto, due-tre di scilla, due di tulipani, due di agli ornamentali, cinque-sei di crochi, due di iris. Bagnate bene e attendete il mese di febbraio, quando inizieranno a fiorire i crochi: le fioriture si alterneranno sino alla fine di aprile. Nell'illustrazione a destra, una variante in una tinozza di legno.

Mese dopo mese, un'aiuola che cambia aspetto

■ In fiore per 6 mesi

Se avete poco tempo da dedicare al giardino, ecco un trucco per avere tantissimi fiori per circa sei mesi consecutivi, lavorando per due soli giorni nel mese di novembre. Tutti i bulbi elencati possono rimanere permanentemente nel terreno, e solo dopo qualche anno sarà consigliabile rinnovarli.

■ Le fioriture di gennaio

Piantate specie a fioritura precoce, come bucaneve, *Chionodoxa, Corydalis, Crocus, Eranthis, Hepatica, Scilla*. Fioriranno fra gennaio e febbraio, se la posizione è al sole.

■ I colori di febbraio-marzo

Anemoni, giacinti, muscari, narcisi, ranuncoli, tulipani botanici sono specie che cominciano a dare corolle colorate già a partire da fine febbraio.

■ Le bellezze di aprile e maggio

Oltre a una grande scelta di tulipani, non fate mancare fiori inconsueti come camassia, *Ixiolirion*, *Leucocoryne*, ornitogalo, *Oxalis* e *Triteleia*, che fioriranno da fine aprile a fine maggio.

■ I regali di giugno

Gigli (*Lilium*), aglio ornamentale (*Allium*) e le alte spighe degli *Eremurus* vi regaleranno meravigliose fioriture da giugno in poi, insieme ai fiori delle piante erbacee perenni.

sabile nel caso delle dalie, i cui fusti molto alti portano corolle grandi e pesanti, e nel caso dei gladioli, le cui spighe di fiori tendono a piegarsi verso terra.
L'altra importante attenzione durante la fioritura consiste nel tagliare gli steli sfioriti appena i fiori appassiscono: nel caso dei bulbi da fiore primaverile, si evita al bulbo di sforzarsi per produrre i semi, nel caso di bulbi e tuberi da fiore estivo si spinge la pianta a produrre nuovi fiori. Quasi tutte le bulbose forniscono fiori adatti al taglio e alla conservazione in un vaso con l'acqua, che va rinnovata ogni giorno. In genere la durata del fiore reciso è intorno ai 3-4 giorni, ma alcuni tipi di giglio o di gladiolo conservano la loro bellezza per più di una settimana.

Cosa fare dopo la fioritura

Quando la fioritura è terminata definitivamente, resistete alla tentazione di tagliare subito le foglie dei bulbi: è vero che non hanno valore ornamentale, ma servono ancora al bulbo per assimilare le preziose sostanze di riserva che si devono accumulare nell'organo sotterraneo per essere utilizzate per fiorire l'anno successivo.
Dopo la fioritura è bene fornire a tutti i bulbi una dose di concime per piante da fiore ogni 15 giorni, per favorire l'accumulo delle sostanze di riserva. Dopo 30-35 giorni le foglie inizieranno a seccarsi: solo quando saranno completamente secche potranno

Giardini mobili. Le bulbose offrono il vantaggio di una facile coltivazione in vaso, il che consente di utilizzarle come elementi decorativi da spostare a piacimento. Qui sopra a sinistra, fioriture di *Eucomis*, una pianta inconsueta: le spighe di fitti fiorellini emergono da un'elegante ciuffo di foglie. A destra, *Lilium*: vastissima la scelta di colori, quasi tutte le varietà sono dotate di un intenso profumo. Piantatene tanti, a 15 giorni di distanza da aprile a fine giugno: otterrete una fioritura scalare che può prolungarsi sino alla fine dell'estate.

essere eliminate. Il bulbo infatti è andato a riposo. Alcuni bulbi possono rimanere per sempre nel terreno: è il caso dei piccoli bulbi primaverili che devono rimanere indisturbati in terra, anche in zone fredde d'inverno, per moltiplicarsi e creare vaste macchie di colore durante la fioritura. Anche i tulipani botanici possono rimanere in terra, mentre quelli ibridi, i narcisi e i giacinti, se rimangono in terra, negli anni esauriranno la fioritura. I bulbi e i tuberi a fioritura estiva possono rimanere nel terreno nelle zone calde (ma la fioritura diminuirà negli anni), mentre vanno estratti a fine stagione nelle zone fredde.

Come scegliere i bulbi migliori

Al momento dell'acquisto, scegliete bulbi o tuberi grossi, turgidi, sodi, sani, senza marciumi o muffe. Non deve essere visibile il germoglio oppure, se è visibile, deve essere non più lungo di 2-3 cm: se acquistate bulbi con il germoglio visibile, piantateli subito nel terreno; in caso contrario si seccherà e il bulbo non ne produrrà un altro.

Quando si estraggono, i bulbi vanno ripuliti dal terriccio e lasciati asciugare in un luogo ventilato e ombroso per una settimana. Se presentano ancora le foglie (per esempio le dalie estirpate in ottobre), queste vanno tagliate a 5 cm dal tubero. Poi i bulbi si pongono in cassette di legno e si spolverano con un fungicida in polvere per evitare la comparsa di muffe. Le cassette vanno conservate in un luogo buio, asciutto e non troppo freddo.

La profondità di piantagione

Una regola classica indica come profondità ideale quella pari al doppio della dimensione del bulbo, ma in suolo argilloso conviene piantare superficialmente, mentre, se la terra è molto sabbiosa, il bulbo riuscirà a emergere anche da una profondità maggiore.

Le forme a cipolla appuntita sono le più facili: la punta va verso l'alto. Per i bulbi piccoli e semisferici non è necessario rispettare il verso: il germoglio troverà comunque la strada verso la superficie.

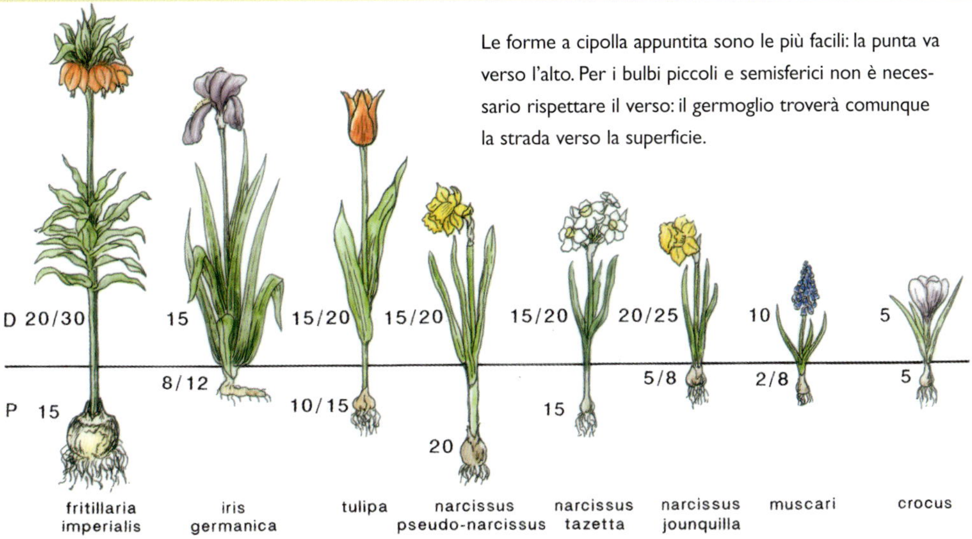

Piante grasse, facili e sicure

In vaso o in piena terra, dove il clima lo consente, rappresentano una risorsa sia per la bellezza che per le poche cure richieste.

Le piante grasse rappresentano un invito irresistibile per chi vuole coltivare qualche piantina non impegnativa. Infatti è facile riuscire a mantenerle in buona forma per un lungo periodo, a differenza delle piante verdi d'appartamento, che risentono di ogni minimo errore di coltivazione. Con le piante grasse l'unico errore che si può commettere consiste nel dare troppa acqua: provengono quasi tutte dai grandi deserti della Terra e si sono evolute in modo da risparmiare e conservare l'acqua dentro di sé. Quindi sono le piante ideali per chi si dimentica o non ha il tempo di bagnare con regolarità.

Ciò non significa però che le piante grasse non debbano mai essere annaffiate, concimate o rinvasate: semplicemente, richiedono molte meno attenzioni rispetto ad altri tipi di piante. Basterà ricordarsi di loro circa una volta ogni tre-quattro settimane per mantenerle in forma e al momento dei cambi di stagione in modo da metterle nelle migliori condizioni per affrontare la stagione seguente.

Il discorso varia se si desidera piantarle in terra nel giardino, oppure vedere le loro splendide fioriture. Nel primo caso bisogna valutare il clima della zona geografica in cui si vive; nel secondo caso bisogna seguirle con maggiore attenzione per spingerle alla fioritura con le giuste cure.

Come ottenere una crassula-bonsai

Prendete una piantina giovane, di uno-due anni di vita, e appoggiate alla base del fusto un sasso abbastanza pesante da inclinare delicatamente la pianta. Con il passare dei mesi spostate il sasso fino a raggiungere l'inclinazione desiderata. Non concimatela troppo perché non cresca in eccesso, e cimatela per costringerla a produrre rametti laterali. Infine collocatela nell'apposito contenitore per bonsai.

Il vaso giusto. Le piante grasse hanno apparati radicali piuttosto ridotti (corrispondenti alle piccole dimensioni), quindi non hanno bisogno di contenitori grandi. I vasi alti sono adatti alle piante grasse ricadenti, come ad esempio le "code di topo" (*Aporocactus*), e ai semprevivi (*Sempervivum*), valorizzati anche nelle ciotole larghe e basse.

Il fattore fondamentale: il drenaggio

Le piante grasse sono note per la lentezza della loro crescita. Quando finalmente sono cresciute e devono essere rinvasate, oppure se le volete subito trapiantare in una ciotola per realizzare una composizione o se le volete piantare in giardino, dovete fare molta attenzione al drenaggio del vaso o della buca d'impianto. Da un buon drenaggio dipende al 90% la sopravvivenza della pianta grassa. Questo tipo di piante infatti non sopporta una terra bagnata o, ancora peggio, fradicia: l'acqua che bagna la terra deve poter scivolare via subito attraverso il buco di drenaggio del vaso o verso le profondità del terreno.

Nel vaso, un buon drenaggio si crea utilizzando un terriccio molto leggero, costituito da una miscela di una parte di buona terra da giardino, una parte di sabbia di fiume e una parte di lapillo vulcanico. Nel giardino, se il terreno non è in leggera pendenza o se il suolo non è prevalentemente sabbioso e sciolto, dovete scavare una buca profonda anche fino a 1 m, ponendovi sul fondo uno strato di circa 50 cm di materiale drenante, come l'argilla espansa o la ghiaia. La buca si richiude con il terriccio scavato in precedenza a cui dovete aggiungere una metà di sabbia.

L'epoca più indicata per la piantagione, sia in giardino, sia in vaso, è quella al termine del periodo freddo, fra marzo e aprile.

Acqua e concime: la quantità giusta

Le piante grasse hanno bisogno di poca acqua; in caso contrario possono marcire, soprattutto se il drenaggio non è perfetto. La regola generale è quella di bagnare una pianta grassa solo dopo che il terriccio del vaso è completamente asciutto da qualche giorno. Di solito quindi si annaffia, con molta moderazione, una volta a settimana in estate, riducendo la frequenza delle annaffiature in autunno, fino a sospenderle del tutto in inverno, e ricominciando pian piano a bagnare in primavera. Bisogna innaffiare, sempre con moderazione, al momento del rinvaso o dell'impianto in piena terra nel giardino. Le piante grasse che vivono in giardino non devono quasi mai essere innaffiate, solo durante un'estate molto secca e calda potete dare loro un pochino d'acqua.

Se volete che le vostre piante grasse fioriscano, dovete anche concimarle, ma senza esagerare nella quantità: se fornite troppo concime senza rispettare gli intervalli di tempo necessari, la pianta potrebbe deformarsi. Dovete utilizzare un concime specifico per piante grasse: contiene poco azoto (l'elemento che favorisce la crescita delle parti verdi della pianta) e molto potassio (l'elemento che favorisce la produzione di una ricca e colorata fioritura). Dovete infine fornire il concime nel periodo giusto per la fioritura: alcune piante grasse fioriscono in primavera, altre in autunno.

Saper comprare le piante grasse

■ Al momento dell'acquisto, scegliete piante che appaiono robuste e sane, ma, se potete, svasatele per controllare che le radici non siano aggrovigliate e non presentino parassiti, malattie fungine o marciumi.

■ Attenzione all'acquisto negli ipermercati: le piantine, mantenute per molti giorni in ambiente poco illuminato e a temperature non idonee, possono aver sofferto. Verificate bene lo stato di salute dell'esemplare, e non acquistatelo se il terriccio appare disidratato o se vi sono parti afflosciate.

■ Sulle bancarelle, le mini-piante grasse sono deliziose: se cedete alla tentazione dell'acquisto, fatevi dire il nome esatto delle specie e trapiantatele al più presto. Per l'acquisto di esemplari costosi, rivolgetevi a un vivaio specializzato.

Le cure dalla primavera all'inverno

Sono veramente poche le cure richieste dalle piante grasse durante l'arco dell'anno, ma si tratta di interventi fondamentali per la loro salute.

In primavera gli esemplari riprendono la fase vegetativa dopo il riposo invernale. Quando la temperatura sale sopra i 15 °C, le piante grasse coltivate in vaso possono essere riportate all'aperto. All'inizio vanno collocate a mezz'ombra perché non sono più abituate al calore dei raggi solari; dopo 15 giorni potranno essere spostate in pieno sole. In marzo potete iniziare a innaffiare moderatamente, ogni 15 giorni circa. Se vi accorgete che il vaso in cui sono alloggiate è diventato troppo piccolo, procedete al rinvaso; scegliete un nuovo contenitore di poco più grande rispetto al vecchio: le piante grasse devono stare un po' "strette", soprattutto se volete farle fiorire. In aprile iniziate a concimare con un fertilizzante specifico tutti i cactus, le rebuzie, le mammillarie, le opunzie, gli epifilli, per favorire la loro fioritura.

Man mano che ci si avvicina all'estate, gli intensi raggi del sole possono scottare i delicati tessuti vegetali: in maggio-giugno spostate le piante grasse di nuovo a mezz'ombra. Aumentate gradatamente la frequenza delle innaffiature e la quantità d'acqua fornita, sempre senza esagerare. Continuate a concimare anche durante la fioritura e togliete i fiori appassiti: favorirete la formazione di nuovi boccioli.

Una piccola collezione. Le piante grasse sono un vero invito alla collezione: valorizzate le forme con vasetti graziosi. I vasi devono essere sempre di terracotta: è un materiale che accentua la bellezza delle piante grasse e permette alle radici di respirare e al terriccio di asciugarsi in fretta, evitando così pericolosi ristagni idrici che fanno marcire le radici.

IDEA CHIC: UN GIARDINO DI CACTUS, PIETRA E ACCIAIO

■ Un progetto di stile moderno

L'idea dei paesaggisti britannici Emmeline Johnston e Chris Bourne, www.gardenalchemy.com, gioca sugli effetti scultorei delle cactacee; il sofisticato spazio di sassi e succulente è completato da una panchina in acciaio inox dalla forma a serpentina. Il giardino è a basso consumo idrico e a manutenzione quasi zero. La calma del luogo, racchiuso dai muri in pietra grigia, è ravvivata dal suono dell'acqua che cade da una fontana in perspex di un vibrante color viola-porpora.

Protagonisti del progetto sono gli esemplari giganti di *Echinocactus grusonii*, chiamato "cuscino della suocera", accompagnato a *Echeveria* 'Perle Von Nuremberg' in mezzo a un tappeto di *Sempervivum* in diverse varietà e colori.

La composizione è indicata per ambienti con inverno mite; in alternativa si possono coltivare le piante in vaso per spostarle al riparo da ottobre ad aprile.

Scegliere il posto giusto

Le piante grasse possono essere coltivate in piena terra solo nelle zone italiane con clima mite: Liguria, costa tirrenica, costa adriatica da Pescara in giù, Sicilia e Sardegna fino ai 500 m d'altitudine. Vivono bene anche vicino al mare, in quanto la maggior parte delle specie più comuni non teme i venti salmastri.

Se la terra tende a rimanere umida, conviene effettuare la piantagione su una collinetta di terriccio, dotando l'area delle radici di un buon drenaggio (5-10 cm di ghiaia) e utilizzando un substrato con una componente sabbiosa.

Cosa coltivare nel Nord Italia

Nei climi con inverno freddo possono resistere, protetti da teli in velo non-tessuto, solo i fichi d'India, se sono in posizione riparata e soleggiata. Per tutte le altre piante grasse coltivate in piena terra serve una protezione costituita da una serra rimovibile dotata di ventilazione ad aria calda: i cactus e le succulente tollerano rispettivamente minime termiche fino a –2 °C e 0 °C. Meglio, quindi, optare per la coltivazione in vaso e spostare i contenitori in verande, pianerottoli o altri ambienti non troppo caldi in inverno.

Rischi e problemi da evitare

Alle piante grasse nuoce, più del freddo, l'umidità nella terra e nell'aria. Specie come *Echinocactus*, *Ferocactus,* opunzie, agavi sono particolarmente sensibili al problema. Gli esemplari protetti in serra vanno mantenuti pressoché asciutti in inverno, stagione in cui più facilmente si manifestano malattie e parassiti.

In settembre l'intensità dei raggi solari si attenua: le piante grasse possono tornare in pieno sole senza pericolo di scottature. Riducete le annaffiature; continuate a concimare solo gli esemplari che stanno ancora fiorendo, ma sospendete la concimazione su quelli che hanno già terminato la fioritura. Alcune specie si preparano a fiorire in autunno: sono quelle che provengono dall'emisfero australe, come le calancoe, alcune euforbie e l'*Adenium obesu,* e richiedono in questa fase un adeguato nutrimento.

In ottobre la temperatura scende sotto i 15 °C: è il momento di riportare dentro casa cactus e succulente. Il locale ideale è fresco (senza riscaldamento) e molto luminoso, ma gli esemplari ormai adulti possono sopravvivere bene anche con poca luce diurna, se le innaffiature vengono sospese per tutto l'inverno: in questo modo, infatti, entrano in una fase di riposo vegetativo che non richiede né acqua nè nutrimento. Fanno eccezione le piante che sono in piena fioritura: devono essere collocate in un locale luminoso e non troppo fresco (a una temperatura compresa fra 12 e 18 °C); vanno bagnate e concimate ogni 15 giorni per prolungare il periodo di vitalità e di produzione di boccioli. Il cactus di Natale, ad esempio, vi darà magnifiche corolle proprio in inverno.

Un solo nemico: la cocciniglia

■ Le piante grasse hanno un solo, grande nemico: le cocciniglie. Questi insetti hanno l'aspetto di piccoli "fiocchetti" bianchi o scudetti grigiastri, che si annidano soprattutto nelle pieghe del fusto o alla base dalla pianta. Con le cocciniglie bisogna essere tempestivi nel trattare la pianta con gli insetticidi anticocciniglia, ripetendo più volte il trattamento fino alla scomparsa degli insetti. In caso contrario, il rischio è quello di perdere la pianta.

■ Importante dosare bene il preparato: una concentrazione eccessiva provoca infatti la formazione di macchie scure sulla superficie vegetale e, nel caso delle crassule, può causare la parziale caduta del fogliame.

■ Trapiantare senza pungersi

Per evitare di pungervi, afferratela mediante un giornale ripiegato più volte in una striscia, con cui circondare l'esemplare senza danneggiarlo. Il sistema vale per trapianti sia da vaso a vaso, sia da vaso alla piena terra. Per togliere la pianta dal vecchio vaso, aiutatevi con una palettina a lama stretta: inseritela sotto la pianta per sollevarla. Dopo il trapianto nel nuovo vaso, pressate bene il terriccio attorno alla pianta. Bagnate con un piccolo innaffiatoio con il beccuccio stretto e allungato, senza esagerare con la quantità d'acqua e senza bagnare la pianta.

Le Piante Salva-Fatica

Belle e generose di foglie e splendidi fiori, con pochissime cure: una selezione di piante che si possono coltivare davvero senza problemi

Il sogno di tutti è quello di avere un bellissimo spazio verde senza che richieda troppo impegno. È un sogno realizzabile attraverso la scelta delle piante giuste: specie che crescano in fretta, belle e rigogliose senza doverle annaffiare e concimare continuamente, poco soggette alle malattie, poco esigenti in fatto di potatura. Insomma, piante che facciano quasi tutto da sole, in modo che il giardiniere possa godersi il lato piacevole del giardinaggio: ammirare il fogliame lussureggiante e i fiori multicolori.

Una regola base per scegliere piante poco esigenti è quella di osservare la natura (campagne, parchi e giardini), per verificare quali sono le specie che meglio si sono adattate al clima locale. Un altro criterio importante è quello della resistenza alle malattie e alla siccità: quest'ultimo aspetto determina sensibilmente non solo la loro bellezza, ma anche la sopravvivenza stessa se, in estate, non siete certi di poter garantire irrigazioni abbondanti e regolari.

Va detto che, comunque, tutte le specie richiedono cure nelle fasi giovanili: alberi e arbusti, a qualche anno dall'impianto, mostrano una crescente reattività positiva ai problemi climatici, alle malattie e parassiti e ai momentanei periodi di incuria.

Campioni di resistenza e di bellezza

Quattro piante che hanno in comune una splendida fioritura rosa e una grande semplicità di coltivazione. In alto, *Magnolia soulangeana*, praticamente immune da parassiti. A sinistra, *Robinia hispida*: crescita veloce, chioma generosa di ombra e di grappoli fioriti, non produce semi. A destra: rudbeckia (in alto) e buddleja, entrambe perfette per attirare in giardino le farfalle, attratte dal loro nettare.

Rose Inglesi

Questo gruppo di varietà, apparso sul mercato solo trent'anni fa, ha subito avuto grande successo perché gli splendidi fiori sono simili a quelli delle rose antiche; fioriscono tutta l'estate, hanno fogliame molto bello, profumi intensi e particolari e sono molto apprezzate anche come fiore reciso. Oggi le rose inglesi annoverano moltissime varietà sia a cespuglio che rampicanti, che in genere non superano i 2,5 m. Alcune varietà sono indicate per formare barriere impenetrabili dove si desidera formare uno schermo di sicurezza.

Fioritura: abbondantissima a fine primavera, continua fino all'autunno se le piante sono in posizione soleggiata e in terreno che non inaridisce in estate.

Posizione: richiedono sole per diverse ore al giorno ed è bene che le radici abbiano sufficiente spazio per espandersi in larghezza e profondità.

Temperatura: piante molto rustiche, non temono il gelo, ma non gradiscono le zone troppo calde e ventose.

Acqua: il suolo deve rimanere sempre fresco e umido; indispensabile uno spesso strato di pacciamatura (corteccia tritata) dove l'estate è calda e asciutta, per ridurre le necessità idriche.

Potatura: molto facilitata rispetto agli altri tipi di rose, si fa in febbraio-marzo. Le varietà rifiorenti si accorciano di circa 2/3; durante l'operazione si avrà cura di liberare il centro dalla chioma dai rami folti e spezzati o malati.

Soluzioni decorative con le rose

- Per formare una pergola, è consigliabile scegliere rosai non troppo vigorosi dove lo spazio è limitato, per ridurre le necessità di manutenzione costante, soprattutto in primavera-estate. Le varietà giuste hanno fusti flessibili, più facili da condurre nelle direzioni desiderate. 'Malvern Hill', a fiori rosa, ha la preziosa caratteristica di essere rifiorente.

- Per creare una bordura profumata si possono scegliere varietà come 'Ambridge Rose' (in alto): forma un arbusto dal portamento ordinato, con un fogliame folto. Un'altra varietà raccomandabile è 'Graham Thomas', che alla bellezza e robustezza aggiunge la nota di interesse del profumo, molto intenso.

Glicine

In primavera, i suoi grappoli pendenti sono uno spettacolo di dolcezza ed eleganza. Rampicante molto ornamentale, rustico, vigoroso e poco esigente. Lo si può condurre su pergole e archi, su muri e abbracciato a colonne, ma anche come siepe, appoggiato a recinzioni, oppure a spalliera, in vasi o cassette.

L'unico problema da segnalare è che le sue fortissime radici possono danneggiare vecchi muri e marciapiedi. *Wisteria floribunda*, originario del Giappone, è un po' meno vigoroso di *Wisteria sinensis*, originario della Cina.

Fioritura: avviene in aprile, sui rami di un anno, con una generosa esplosione di grappoli pendenti che precedono le foglie. Sulle piante adulte, in estate può riapparire qualche fiore.

Posizione: la fioritura è più rigogliosa in pieno sole. Si adatta anche a terreni poveri.

Temperatura: tollera bene il freddo e si adatta a tutti i climi italiani, anche in montagna fino a 1.000 m di quota.

Acqua: non deve mancare prima della fioritura. In estate le piante adulte possono essere innaffiate solo una volta alla settimana.

Potatura: necessaria per contenere l'invadenza, indirizzare la crescita e stimolare la fioritura. All'inizio di agosto si accorciano i rami laterali a 15 cm dai rami principali; d'inverno, dopo la caduta delle foglie, si accorciano di nuovo i rami a 8-10 cm, lasciando 3 o 4 gemme. Se si vuole allungare la pianta, si sceglie un ramo adatto, da legare nella direzione voluta.

Un glicine particolarmente facile

- *Wisteria* 'Amethyst Falls', di origine americana, da poco disponibile anche in Italia (nella foto), é una varietà sorprendente sia per lo sviluppo contenuto, in quanto raggiunge 4-5 m dopo qualche anno, sia per l'abbondante fioritura ed é ideale per terrazze e pergole o anche come esemplare da parete.

- La pianta si mantiene ordinata senza richiedere potature frequenti e regolari come le altre normali varietà di glicine: è sufficiente riordinare occasionalmente la chioma, a fine inverno. I fiori blu-porpora molto profumati vengono prodotti anche da esemplari giovani, altra virtù di questa varietà rispetto a quelle tradizionali. La fioritura inizia in primavera o inizio estate e continua fino all'autunno. Molto rustica, non va soggetta a malattie.

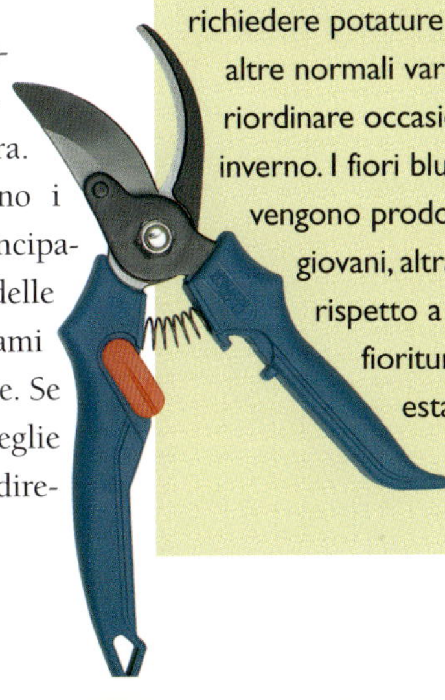

Bello da vedere, buono da mangiare

- Oltre ai fiori molto vistosi e abbondanti, il nasturzio offre l'interesse di un fogliame decorativo; la varietà 'Alaska Salmon Orange' (sopra), che ha meritato un premio nel prestigioso concorso internazionale Fleuroselect, ha foglie variegate e corolle con sfumature rosa.

- I nasturzi sono commestibili: fiori e foglie sono gradevoli in insalate e preparazioni a base di uova. I boccioli possono essere conservati sotto sale o aceto come i capperi.

Nasturzio

Il nasturzio o tropeolo è una eccellente risorsa per i giardini dove in estate non manca l'acqua e i terrazzi nei quali ci sia un poco d'ombra nel pomeriggio. In queste condizioni, la pianta nasce da seme e con grande rapidità forma cuscini di bel fogliame, tra il quale emergono i fiori rossi, arancioni o gialli. Le varietà rampicanti salgono rapidamente su tralicci e grigliati. Le foglie hanno la caratteristica di catturare le goccioline d'acqua, che rimangono ferme sulla superficie fogliare come piccole perle.

La specie più diffusa è *Tropaeolum majus*, di origine sudamericana, di facilissima coltivazione da seme. Più rare le specie tuberose, che nelle terre d'origine, Perù e Bolivia, sono utilizzate a scopo alimentare: il tubero viene consumato come le patate.

Fioritura: dal giallo all'arancio, anche rigati o screziati, appaiono numerosi e continui fino all'autunno inoltrato se la pianta è in posizione riparata dal freddo mattutino e soleggiata.

Posizione: in estate nei climi mediterranei è preferibile individuare una zona con ombra al pomeriggio.

Temperatura: il problema del freddo non c'è, perché essendo un'annuale, in autunno va eliminata.

Acqua: irrigare generosamente e concimare solo con stallatico biologico se si desiderano utilizzare foglie e fiori a scopo alimentare. È una pianta poco esigente, e in ogni caso non va nutrita con concimi ricchi di azoto perché si avrebbero esemplari ricchissimi di foglie ma con pochi fiori.

Potatura: non necessaria.

Piracanta

Il piracanta, e l'affine cotoneaster, sono magnifici arbusti da siepe o da gruppi informali, in qualche caso anche ricadenti o sarmentosi, da far crescere fissati a una parete. Sono ideali per il giardino naturale a bassa manutenzione. Nella grande scelta di specie e varietà se ne trovano alcune adatte alla vita in vaso, altre che possono essere fatte crescere ad arbusto o piccolo albero e altre ancora dal portamento strisciante, che coprono rapidamente il terreno soprattutto su zone di pendio. Bellissima la fioritura bianca primaverile, a cui seguono le spettacolari bacche in estate-autunno, che possono rimanere sulle piante sino alla fine dell'inverno.

Fioritura: grande quantità di fiorellini bianchi o rosei, in maggio-giugno. Le bacche, rosse o arancione, amate dagli uccelli, appaiono a fine estate e perdurano fino all'inverno.

Posizione: luminosa e soleggiata, per non rinunciare a una ricca produzione di fiori e bacche.

Temperatura: sono arbusti adattabili, che non temono il gelo né il gran caldo.

Acqua: hanno poche esigenze. Gli esemplari in vaso richiedono irrigazioni regolari nel periodo vegetativo.

Potatura: a fine inverno le specie a foglie decidue, a metà primavera quelle sempreverdi, solo per esemplari molto vigorosi. Le siepi si potano subito dopo la fioritura se sempreverdi, in agosto o settembre se decidue.

Perfetto per l'eco-giardino

■ Il piracanta e il cotoneaster fanno parte di quella gamma di arbusti che non creano problemi al giardiniere: poco soggetti a malattie e parassiti, in genere non richiedono interventi antiparassitari. I fiori attirano api e farfalle, le bacche sfamano gli uccellini e nel folto della loro vegetazione, anche nel caso di varietà spinose, trova rifugio la piccola fauna. Per tutti questi motivi sono ideali dove si desidera costruire un ambiente particolarmente naturale e curato con metodi ecologici.

■ Anche in fatto di concimazioni si tratta di piante poco esigenti: è sufficiente fertilizzare con granuli o polvere di stallatico, a fine inverno. La presenza di afidi sui germogli in primavera può essere eliminata con preparati biologici.

Sambuco

Tutti conoscono il sambuco selvatico, pianta pioniera che sa adattarsi alle zone ingrate: scarpate autostradali e ferroviarie, argini di fiumi e torrenti, zone dismesse, bordi di strade e fossi, dove cresce rapidamente e fiorisce con larghe ombrelle bianche simili a pizzi, che si trasformano in grappoli di bacche scure. *Sambucus nigra* è un ingrediente perfetto per il giardino naturale e a bassa manutenzione in quanto praticamente non richiede cure, se non una vigorosa potatura primaverile o una riduzione a metà estate se lo si vuole conservare entro dimensioni modeste. Può diventare anche un albero di piccola o media dimensione.

Fioritura: larghe ombrelle di fiori bianchi, che un tempo, in campagna, si usava raccogliere per friggere i fiorellini in pastella.

Posizione: sole o mezz'ombra, pianta poco esigente.

Temperatura: sopravvive bene all'afa di pianura, ma non è adatta a zone costiere.

Acqua: gli esemplari adulti non hanno bisogno di innaffiature estive.

Potatura: le piante potate severamente a primavera danno foglie e fiori più grandi, ma in minore quantità. Per formare un esemplare ad alberello occorre seguire un regime di potature in fase giovanile per formare un unico fusto legnoso, da sostenere inizialmente con un tutore.

Bacche rosse e foglie nere

■ Il merito di aver fatto riscoprire in Italia il sambuco nelle sue specie e varietà più insolite va a una bravissima vivaista e collezionista piemontese, Fiorella Gilli, che ha portato in Italia specie come *Sambucus tigranii* (sopra), con bacche rosso intenso da metà estate all'autunno.

■ Recentemente è stata introdotta in Italia una nuova varietà, *Sambucus nigra* 'Black Lace', che mostra il più straordinario fogliame che si sia mai visto: nero con riflessi bronzei. Anche la fioritura di maggio-giugno è diversa da quella classica bianca: le infiorescenze sono rosa cangiante in rosso. L'uso più appropriato è come elemento isolato per farne risaltare l'incredibile colore.

QUISQUALIS

Ottima concorrente per la fin troppo banale buganvillea, *Quisqualis indica* è una pianta originaria dell'Asia tropicale, da poco diffusa anche in Italia come specie da balcone e giardino, coltivata principalmente in vaso per poterla proteggere dal gelo invernale in serra o veranda.

Questa esuberante bellezza tropicale esibisce per ben sei mesi all'anno una voluttuosa fioritura composta da mazzetti rosso ciliegia o rosa confetto, che all'aspetto leggiadro aggiungono anche la virtù di un lieve ma gradevolissimo profumo.

Fioritura: grande quantità di fiori da maggio in poi. Se il clima è mite, la fioritura non si arresta fino all'autunno avanzato.

Posizione: luminosa e soleggiata la mattina; nei climi molto caldi e aridi, gradisce l'ombra pomeridiana.

Temperatura: il gran caldo non è un problema, ma d'inverno occorre spostarla in luogo fresco e luminoso (analogamente alle esigenze di oleandri e limoni).

Acqua: richiede innaffiature regolari; il terriccio deve essere sempre fresco e fertile.

Potatura: a fine inverno le piante vanno rimesse in vegetazione effettuando una pulizia della chioma dalle parti seccate o danneggiate. Per mantenerla folta è opportuno accorciare di circa un terzo i rami più robusti, fissandoli al supporto.

Fiori insoliti per decorare un grigliato

■ Oltre alla quisqualis, apprezzabile per la sua nota esotica e colorata, si può sperimentare la forza e la bellezza di una specie rampicante annuale, *Eccremocarpus scaber*, che in climi miti può sopravvivere all'inverno. In estate forma fiorellini tubolari rosso scuro, numerosi e prodotti fino all'autunno. Altra preziosa risorsa è *Thunbergia alata*, detta anche 'Lisa dagli occhi neri': i fiorellini gialli portano infatti al centro una macchia nera.

■ Una soluzione facile e di lunga durata è il comune luppolo, *Humulus lupulus*, anche nella versione a foglie giallo oro ('Aurea'). Si tratta di una specie facile, indicata per posizioni dove sia possibile mantenere la terra fresca. È una specie erbacea: scompare in inverno e si rigenera da aprile in poi.

Datura

La fioritura della datura è davvero straordinaria, spettacolo effimero ma imperdibile. I fiori sono campane appariscenti e profumatissime, in vari colori, dal bianco al giallo, dall'arancio al porpora. *Datura (Brugmansia) arborea* e *Datura stramonium* sono le specie più diffuse: la prima è una pianta ornamentale con fiori pendenti grandi e vistosi, la seconda è un piccolo arbusto con fiori eretti all'ascella delle foglie. Tutte le dature contengono sostanze tossiche. *Datura stramoniom* è nota fin dall'antichità per i suoi poteri medicamentosi, ma anche per la sua velenosità, che provoca disturbi fisici e psichici. La datura arborea è un arbusto di facile coltivazione che porta in giardino e terrazzo una preziosa nota esotica.

Fioritura: dura un mese circa, a fine estate o metà autunno, secondo l'andamento climatico, ed è strepitosa e profumata.

Posizione: cresce bene in posizioni soleggiate e protette dai venti e dalle piogge. Accetta anche terreno argilloso e sabbioso, purché ben concimato.

Temperatura: teme il freddo. Può essere coltivata in piena terra solo in zone a clima mite; nelle altre regioni deve crescere in vaso e va riparata in autunno in luogo dove la temperatura non sia inferiore a 6-8 °C.

Acqua: innaffiare spesso (anche ogni giorno) e generosamente in estate, diradare d'inverno.

Potatura: potare con decisione a inizio primavera le dature arbustive, per stimolare la ramificazione e ottenere un'abbondante fioritura.

La pianta delle streghe

■ A differenza della *Datura arborea* (sopra), lo stramonio (*D. stramonium*), qui sotto, si comporta come una perenne: a fine inverno la vegetazione si taglia raso terra; rinasce con i primi tepori formando grandi foglie e fiori bianchi o violetti, in estate. Abbondanti irrigazioni primaverili aiutano la rinascita vegetativa: infatti, allo stato selvatico, lo stramonio prospera nei terreni che hanno subito inondazioni invernali.

■ Le credenze popolari hanno attribuito allo stramonio le più stravaganti virtù, fra cui quella di curare le malinconie e riaccendere la sensualità.

SOLANUM

I *Solanum* sono piante stupende e generose che arrivano dai Paesi caldi, come Sud America, Africa tropicale, Australia. Questo genere molto versatile e multiforme, affine ai pomodori commestibili, comprende anche il noto 'pomodoro invernale', che forma tonde bacche rosso-arancio in autunno.

Fioritura: *Solanum rantonettii,* forse la specie più interessante per terrazzi e giardini, è originario dell'Argentina; offre una spettacolare fioritura tardo-estiva in blu o porpora a seconda della varietà. *Solanum jasminoides*, di origine brasiliana, ha fiori bianchi e rami sarmentosi; può essere coltivato anche come rampicante. Ha la preziosa virtù di fiorire a lungo anche in autunno, se il clima si mantiene mite e soleggiato. Poco soggetto ai parassiti, il solanum teme solo gli ambienti umidi e afosi con scarso movimento d'aria.

Posizione: pianta poco esigente, sopravvive anche al gran caldo, ma fiorisce meglio se viene posizionata in mezz'ombra e al riparo dai venti forti.

Temperatura: al Nord è consigliabile coltivarlo in vaso e, d'inverno, ripararlo spostandolo contro un muro esposto a sud o sotto un portico, avvolto in tessuto non tessuto.

Acqua: bagnare solo quando la terra è asciutta perché teme i ristagni di umidità. La terra deve essere sciolta e ben drenata, arricchita con una buona dose di componente sabbiosa.

Potatura: *Solanum rantonnettii* richiede una potatura a primavera per rinnovare la vegetazione e formare nuovi getti che porteranno i boccioli in estate.

Poche cure e molti fiori anche in vaso

■ I *Solanum* vanno coltivati in contenitori piuttosto capienti e profondi, per consentire un'adeguato sviluppo radicale che darà luogo a una chioma più ricca di fiori. In primavera è bene rimuovere lo strato superficiale di terra impoverita e sostituirlo con terriccio nuovo arricchito da una manciata di stallatico in polvere. In estate le piante in fiore hanno un elevato consumo di energie, che vanno rinnovate concimando ogni 15 giorni con un prodotto per piante fiorite.

■ Un accorgimento utile per conservare l'umidità presso l'apparato radicale degli esemplari in vaso, in piena estate, è quello di utilizzare contenitori di terracotta, da interrare del tutto in vasche di plastica colme di terriccio torboso umido: in questo modo le pareti porose in terracotta lasceranno passare gradualmente un poco di preziosa umidità.

Ortensia

Arbusto apprezzato per la sua fioritura spettacolare in estate. Cresce bene anche in vaso, se di medio-grande dimensione, e si accontenta di zone piuttosto fresche e ombrose, dove altre piante avrebbero difficoltà a sopravvivere. L'unica vera esigenza è quella di un terreno che non tenda a inaridirsi.

Fioritura: tra giugno e agosto, grandi infiorescenze composte da fiori dal bianco al rosa al blu intenso, anche variegati o bicolori. Alcune specie, come *Hydrangea quercifolia*, danno fiori a forma di pannocchie.

Posizione: l'ideale è la mezz'ombra. Le posizioni molto soleggiate rischiano di essere pericolose per queste piante che amano il fresco.

Temperatura: resistono bene al freddo invernale. Non amano il gran caldo; una pacciamatura di corteccia intorno alle radici le aiuta a superare periodi di siccità estiva. Nei momenti più caldi della giornata il fogliame può afflosciarsi, per riprendersi verso sera.

Acqua: apprezza abbondanti irrigazioni e lavaggi della chioma in estate; è bene innaffiare di primo mattino.

Potatura: non richiede tagli regolari; in febbraio-marzo è sufficiente eliminare i rami deboli o danneggiati e accorciare la chioma fino a metà della lunghezza nel caso delle ortensie arboree. Sulle ortensie classiche, i rami di due o tre anni possono essere accorciati di un terzo, a fine inverno: così si favorisce la comparsa di nuovi getti vigorosi che porteranno fiori in estate.

Idea insolita: l'ortensia in verticale

■ Le ortensie rampicanti sono una soluzione interessante per decorare una parete esposta a nord, non colpita dal sole se non di prima mattina. *Hydrangea petiolaris* e la specie affine *Schyzophragma* sono piante che amano il fresco e crescono bene anche in vaso, purché si possa utilizzare un contenitore profondo. Producono rami che salgono su grigliati e pareti; tra il fogliame folto appaiono, in tarda primavera, larghe infiorescenze bianche, leggermente pendule, molto ornamentali.

■ Le ortensie rampicanti sono rustiche, l'unico nemico è il sole forte che provoca bruciature sul fogliame. Richiedono un apporto di sostanza organica a fine inverno. Non sono soggette a parassiti e hanno una lunga vita, se la posizione è idonea.

GRAMINACEE

Le graminacee sono tra le piante di maggiore successo sul pianeta e ne dominano infatti ampie parti. Frumento, riso, orzo, avena e miglio sono tutte graminacee e rappresentano ancor oggi l'alimentazione base della popolazione mondiale. In giardino sono apprezzate per l'eleganza e l'aspetto naturale, nonché per la loro capacità di adattamento e per la preziosa la virtù di contribuire a stabilizzare il suolo con il loro apparato radicale. Questa caratteristica viene ora sfruttata dai paesaggisti per consolidare pendii di recente creazione o ricoprire rapidamente superfici ripide e irregolari dove altre piante non riuscirebbero ad attecchire.

Fioritura: in estate, molte graminacee formano pennacchi o infiorescenze che perdurano fino all'autunno inoltrato.

Posizione: la maggior parte delle specie gradisce il sole; alcune, come il *Miscanthus* variegato, crescono bene anche all'ombra, dove viene esaltata la particolare colorazione del fogliame.

Temperatura: resistono bene al caldo e alla siccità; alcune, come *Stipa tenuissima*, danno buoni risultati solo se il terreno è povero e sassoso.

Acqua: irrigazioni regolari in primavera aiutano le piante a irrobustirsi e a tollerare la siccità estiva.

Potatura: a fine autunno o in marzo i cespi si tagliano raso terra per consentire il rinnovo della vegetazione e la formazione delle nuove infiorescenze.

Anche in vaso, belle fino all'inverno

■ Gli steli eleganti delle graminacee danno risultati apprezzabili anche in vaso. Il *Pennisetum* (qui sopra), il *Miscanthus* e la *Hackenochloa* (sotto) si possono coltivare in contenitori piuttosto larghi e profondi. La *Hackenochloa* preferisce le zone ombrose, ma luminose; le altre richiedono qualche ora di sole, preferibilmente la mattina, altrimenti la poca terra del vaso rischia di prosciugarsi rapidamente.

■ Anche la comune erba delle Pampas può essere coltivata in vaso, scegliendo una varietà nana come 'Splendid Star', alta solo 1.50 m, spiga inclusa. Molto decorativa grazie alle foglie gialle, le conserva più a lungo di altre graminacee con l'avanzare della stagione fredda.

Le Pagine Blu

Consigli Express per spazi verdi a bassa manutenzione

Accorgimenti utili per limitare gli sprechi di tempo e fatica

Le Tabelle Trovapiante

Guida sintetica alla scelta di specie per situazioni ed esigenze diverse

Consigli Express

ATTREZZI E PRODOTTI

- In gennaio-febbraio, accertatevi di avere tutti gli attrezzi e i prodotti (terra, concimi, fitofarmaci) necessari per lavorare in giardino. In caso contrario, acquistateli per tempo, prima che vi servano.
- Provate gli attrezzi prima dell'acquisto, per essere sicuri che si adattino alla vostra mano.
- Utilizzate un terriccio specifico per ogni tipo di pianta: i terricci universali vanno bene solo per piante molto adattabili. Anche i concimi devono essere specifici: il loro effetto sarà migliore e più rapido.
- Scegliete i concimi a lenta cessione: rilasciano nutrimento per almeno due mesi, così potrete diradare le concimazioni.
- Tenete in casa un antiparassitari e un anticrittogamico ad ampio spettro: sono ottimi come primo rimedio. Agendo ai primi segnali, occorrerà meno prodotto e l'infestazione sarà bloccata.
- Scegliete vasi in plastica, facili da pulire, e con riserva d'acqua, per innaffiare di meno.
- Inserite nel terriccio di ogni vaso 2-5 perle d'acqua: permettono di innaffiare meno spesso perché trattengono l'acqua rilasciandola lentamente.
- Uscendo in giardino, portate con voi un cestello o carriola con tutti gli attrezzi necessari, per non dover tornare indietro a prenderli, e un sacchetto o secchio per raccogliere i residui vegetali.
- Se avete molte superfici pavimentate con pavimentazioni di pregio, è una buona idea l'acquisto di una idropulitrice, per pulirle velocemente.

ALBERI E ARBUSTI

- Quando desiderate un albero o un arbusto nuovo, informatevi sulle dimensioni che avrà da adulto, per evitare l'obbligo di frequenti potature o problemi dovuti all'espandersi delle radici. Mantenete le distanze giuste dai confini e dagli edifici.
- Gli alberi e gli arbusti sempreverdi sono meno faticosi da seguire e non pongono il problema della raccolta e smaltimento delle foglie in autunno.
- Attenzione: alcune piante, come il tiglio, l'olmo o il ligustro, lasciano cadere fiori e frutti in abbondanza, che obbligano a frequenti pulizie sulle pavimentazioni.
- Date un'occhiata ai giardini della vostra zona: gli alberi e gli arbusti più diffusi sono anche quelli che chiederanno meno manutenzione.

Soluzioni adatte ai giardini a bassa manutenzione. Da sinistra: le capsule di fertilizzante a rilascio graduale. per concimare solo ogni 2-3 mesi; il calicanto, in fiore a gennaio e di esigenze davvero minime; la semina del girasole, facilissima.

Con poche regole e alcune buone abitudini, il lavoro di manutenzione si riduce sensibilmente e diventa più divertente

- Un albero innaffiato generosamente da giovane avrà meno bisogno di cure.
- Non dimenticate di inserire alberi o arbusti interessanti anche in inverno (calicanto, hamamelis, mahonia, betulle dalla corteccia decorativa...

PIANTE DA FIORE

- Una scelta di piante adatte al clima e all'esposizione riduce del 30-40% le necessità di manutenzione.
- Fra le erbacee annuali, scegliete specie che possano durare, belle e in fiore, per tutta la stagione. Le specie a fioritura breve comportano la necessità di sostituzione.
- Se abitate in una zona arida d'estate, scegliete specie che sopportino la siccità, per esempio le piante aromatiche, da usare come bordura in giardino (ottimo il rosmarino, anche potato in forma geometrica a siepe).
- L'eliminazione dei fiori appassiti può essere fatta una volta a settimana.
- Le piante erbacee richiedono meno cure se vengono piantate in piena terra, rispetto a quelle coltivate in vaso.
- Provvedete in marzo alla semina delle annuali rustiche, come girasole, nasturzio, ipomea: il costo dei semi è minimo e la resa in termini decorativi è rilevante, oltre che di veloce crescita.

Fare ordine per risparmiare tempo

- Se gli attrezzi, i terricci e i prodotti fitosanitari sono disposti sempre in buon ordine, risparmierete tempo e pazienza, trovandoli pronti quando è necessario usarli.
- Il tubo per l'irrigazione, durante l'inverno, non occuperà spazio e non sarà d'ingombro se lo appenderete al soffitto. Fissate al soffitto del garage, del magazzino o della cantina con due tasselli robusti due ganci alla distanza di 1 m l'uno dall'altro. Prendete un pezzo di tubo di metallo, lungo almeno 1,20 m, avvolgete sul tubo di ferro il tubo per l'irrigazione ben svuotato e pulito. Agganciate il tubo ai due ganci.

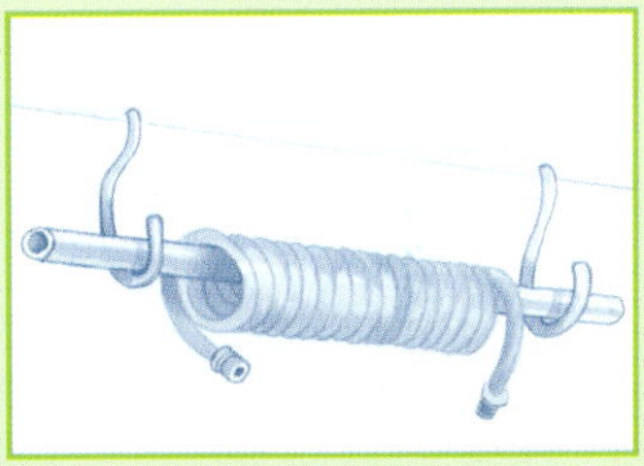

- Se usate molti tipi diversi di terricci, magari per preparare miscele specifiche per certi tipi di piante, è meglio tenerli in ordine. Prendete alcune scatole di cartone, tipo quelle per le scarpe. Sul lato corto scrivete il nome del tipo di terriccio. Ponete le scatole sul tavolino di lavoro o sui ripiani dello scaffale. Così avrete tutti i terricci a portata di mano, senza correre il rischio di sbagliare.
- Per tenere gli attrezzi in ordine, attaccate con i tasselli al muro del garage, del magazzino o della cantina un'asse lunga almeno 1,20 m e alta 10 cm. Prendete ogni attrezzo, appoggiatelo all'asse e segnate i punti dove piantare i chiodi per sorreggere l'attrezzo. Appendete ogni attrezzo e segnate sul muro con un pennarello il contorno dell'attrezzo: così sarò facilissimo ritrovare la giusta posizione dopo aver usato ogni attrezzo.

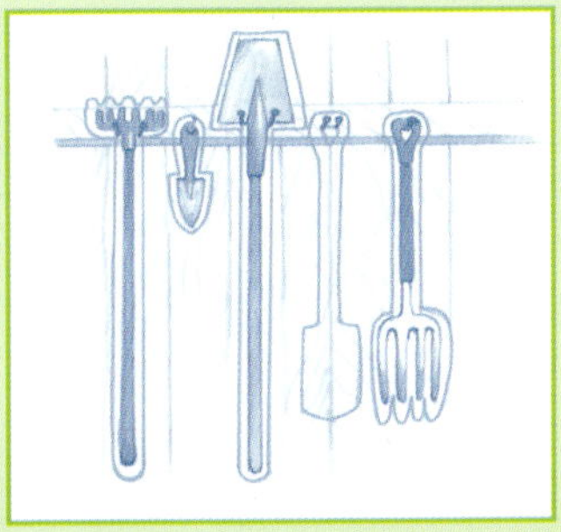

LAGHETTI E STAGNI

- Gli specchi d'acqua naturali sono più complessi da realizzare ma, dopo qualche mese, una volta trovato l'equilibrio, si automantengono in forma da soli.
- Le piante devono essere di tre categorie: ossigenanti, galleggianti, sommerse. Ciascuna svolge una funzione e tutte e tre insieme contribuiscono a mantenere in equilibrio il laghetto.
- Se non avete spazio o tempo per trasferire al riparo le ninfee esotiche, utilizzate solo specie che sono in grado di sopportare il freddo invernale.
- Non esagerate con il numero di piante: i loro residui favorirebbero la formazione di alghe, contro le quali si possono impiegare prodotti specifici.
- Periodicamente (ogni uno-tre anni) il laghetto, se non è di tipo naturale, va svuotato per una pulizia di fondo. È un lavoro complesso: se non intendete affrontarlo, meglio scegliere una vasca fuori terra.
- In autunno stendete una rete a maglie fitte sulla superficie del laghetto: potrete raccogliere le foglie cadute dagli alberi senza fare troppa fatica.

TAPPETI ERBOSI

- Il prato ornamentale o prato all'inglese richiede moltissime cure: meglio scegliere un prato rustico, che richiede una minore manutenzione.
- Il prato che richiede la minore manutenzione è quello fiorito: sono sufficienti due soli tagli nell'arco della bella stagione. Indicato per zone non utilizzate per sosta e soggiorno.
- Per ridurre la frequenza del taglio dell'erba, scegliete un miscuglio di sementi a base di festuca: cresce lentamente, richiede meno tagli.
- I punti del prato che richiedono maggiori attenzioni sono i bordi. Procuratevi un trimmer a batteria per fare rifiniture veloci e precise senza l'ingombro del cavo elettrico.
- Se preferite rifilare i bordi con le forbici da prato, preferite un modello con manici lunghi, che non obbliga a lavorare chinati o inginocchiati.
- Scegliete un tosaerba con un cestello raccoglierba molto capiente, per non doverlo svuotare continuamente. Esistono anche modelli che compattano il residuo di taglio nel cestello, aumentando il lasso di tempo durante il quale si può lavorare senza dover svuotare.
- Il diserbante per le infestanti del prato a foglia larga va distribuito in aprile nel Meridione e in maggio nel Nord Italia, ripetendo il trattamento dopo un mese: eliminerete le malerbe per tutta la stagione.
- Alcuni modelli di carrello spargiconcime possono essere utilizzati in inverno come spargisale sulle pavimentazioni che tendono a ghiacciarsi.

GIARDINI DEL WEEK END

- Piantate specie da fiore perenni: eviterete la necessità di ripiantumare le annuali, ogni primavera.
- Se non avete tempo in autunno di ricoverare in un luogo protetto le piante delicate, mettete a dimora le piante del luogo e quelle che con sicurezza si adattano al freddo della zona.

Idee per un giardino più facile. Da sinistra: un tripudio di Nepeta, erbacea perenne da fiore, per valorizzare il laghetto. Una composizione di verbena e di erba miseria in varietà viola, ideali in pieno sole. Apertura della protezione di un geranio, nei giorni invernali più miti.

■ Nel giardino al mare, se non disponete di molta acqua in estate, mettete a dimora solo piante che sopportano la siccità, come le succulente.
■ Installate un impianto d'irrigazione automatizzato e comandato da una centralina programmabile.
■ Per i vialetti e il gazebo preferite una pavimentazione continua, senza fughe: non avrete il problema delle malerbe da estirpare.
■ Predisponete schermi contro il vento: migliorano sensibilmente il microclima, in ogni stagione.
■ Il concime a lenta cessione è una scelta obbligata per i giardini frequentati solo occasionalmente.
■ Eseguite le potature e le concimazioni in autunno anziché in primavera: troverete il giardino in ordine per i primi week end della stagione successiva.

GIARDINAGGIO E METEO

■ È utile tenere un diario meteorologico del giardino, annotando l'andamento delle temperature e la quantità di piogge (tramite un pluviometro).
■ Non camminate sul terreno molto bagnato o sul prato gelato e brinato. Stendete un'asse di legno se siete costretti a transitare.
■ Per lavorare un terreno completamente asciutto dovete prima inumidirlo ma senza inzupparlo. Non lavorate il terreno molto bagnato.
■ Il clima caldo e umido crea condizioni favorevoli allo sviluppo di malattie fungine: tenete pronto un anticrittogamico o trattate in maniera preventiva.
■ Se il meteo preannuncia pioggia, non effettuate trattamenti antiparassitari o diserbanti alle chiome di alberi e arbusti: l'acqua dilaverebbe il prodotto disperdendolo inutilmente nel suolo.
■ Aprite le protezioni delle piante per arieggiare nelle giornate più miti, per abituarle gradualmente alle temperature primaverili.

Trucchi e accorgimenti utili

■ Se pensate di far nascere le piantine da seme, prima di mettere il terriccio in ogni vaschetta della seminiera ponete una striscia di plastica, lunga circa 15 cm e larga 1 cm. Poi riempite le tasche con il terriccio e procedete normalmente con la semina. Quando le piantine saranno pronte per il trapianto, vi basterà sollevare ogni striscia con le due mani, in modo da estrarre la zolla di terra intera, senza danneggiare le delicate radici della piantina.

■ Se coltivate specie che rischiano di non resistere al freddo invernale della vostra zona, piantatele in vaso. In primavera potrete spostare il vaso in giardino, eventualmente scavate una buca più grande del vaso e interrate l'intero vaso, pacciamando la superficie. La pianta ne trarrà beneficio e richiederà minori irrigazioni; in autunno sarà facile estrarre il contenitore dal suolo per ricoverare l'esemplare al coperto.

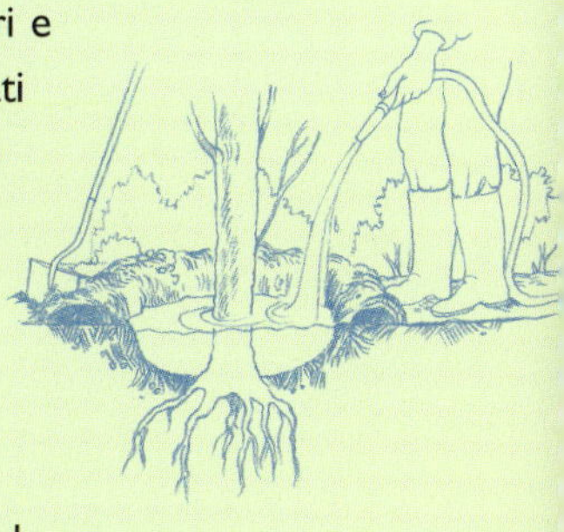

■ Se abitate in una zona arida dove l'acqua scarseggia, attorno agli alberi e agli arbusti appena piantati scavate una conca, rialzando i bordi con la terra. Servirà a trattenere l'acqua che verrà così indirizzata direttamente verso le radici. L'attecchimento risulta facilitato ed è minore lo spreco idrico.

Il Trovapiante

PIANTE ACIDOFILE PER TERRENI NON CALCAREI

Liquidambar (*Liquidambar styraciflua*): albero a foglia caduca; 25-30 m d'altezza; foglie grandi a forma di stella, che in autunno diventano rosse e gialle; numerose varietà a foglie variegate.

Abete (*Picea excelsa*): albero sempreverde, con foglie a forma di ago; 20-25 m d'altezza; richiede molto spazio e un clima fresco.

Camelia (*Camellia sasanqua, C. japonica*): arbusto sempreverde, fioritura autunnale, invernale o primaverile. Per zone fresche, a mezz'ombra o in ombra. Rustica, non servono protezioni invernali.

Azalea, rododendro (*Rhododendron*): arbusti sempreverdi (alcune azalee sono deciture), fioritura in aprile-maggio. Non vanno collocati in pieno sole. Rustici, non temono il gelo.

Pieris (*Pieris japonica*): arbusto sempreverde, fioritura in febbraio-aprile. Non ama il clima mediterraneo caldo. Adatto a zone con inverno freddo.

Corbezzolo (*Arbutus unedo, A. menziesii*): arbusti sempreverdi, fioritura in agosto-ottobre, frutti tondi giallo-arancio-rosso, da settembre ad aprile. Per zone calde o in posizione riparata, in pieno sole. Semi-rustici, servono protezioni invernali al Nord.

Lupino (*Lupinus*): pianta erbacea perenne, fioritura in maggio-luglio. Rustica, non teme il freddo (la parte aerea scompare e si rinnova in marzo).

Primula (*Primula*): pianta erbacea perenne, fioritura in febbraio-arpile. Rustica.

Piante per terreni calcarei

- **Alberi:** albero di Giuda (*Cercis siliquastrum*), sorbo montano (*Sorbus aria*), melo da fiore (*Malus floribunda*), faggio (*Fagus sylvatica*).
- **Arbusti:** lillà (*Syringa vulgaris*), *Deutzia*, filadeflo (*Philadelphus coronarius*), *Buddleja, Rosa*, edera (*Hedera helix*), clematidi (*Clematis*).
- **Erbacee perenni:** verbasco (*Verbascum*), *Bergenia*, velo da sposa (*Gypsophila*), *Achillea*.

Piante che tollerano l'inquinamento urbano

- **Alberi:** albero di Giuda (*Cercis siliquastrum*), sofora, (*Sophora japonica*), *Ginkgo biloba*, gelsi (*Morus*), gelso da carta (*Broussonetia papyrifera*), *Maclura pomifera*, robinia (*Robinia pseudacacia*).
- **Arbusti:** lillà (*Syringa vulgaris*), lillà della California (*Ceanothus americanus*), *Hebe*, ginestrino (*Cytisus scoparius*), *rose paesaggiste e inglesi*
- **Arbusti:** edera, passiflora, falso gelsomino (*Trachelospermum jasminoides*), vite americana e canadese, glicine (*Wisteria sinensis*).
- **Erbacee perenni:** iperico (*Hypericum perforatum*), *Vinca*.
- **Erbacee annuali:** impatiens, begonie, aster, bocche di leone, viole del pensiero.

Individuate, in questo capitolo, le specie più idonee per zone, climi ed esigenze diverse: scegliere le piante giuste è il metodo sicuro per ottenere spazi verdi di facile cura.

Piante che resistono bene in climi caldi e nel pieno sole

■ **Melia azedarach:** chiamato albero dei rosari; 8-10 m d'altezza; caducifoglio. Posizioni in pieno sole, anche senz'acqua. Per zone miti, al riparo da venti e gelate, sopporta fino a –10 °C; resiste alla salsedine. Fioritura in aprile-maggio, fiori a pannocchia color bianco-violetto. Da agosto, frutti color arancio.

■ **Robinia pseudacacia:** chiamata impropriamente acacia; albero caducifoglio, 10-15 m d'altezza; crescita molto rapida. Posizione in pieno sole, anche senz'acqua. Rustica, non necessita di protezioni invernali; poco adatta a zone marine. Fioritura in aprile-maggio, fiori in infiorescenze a grappolo di colore bianco, profumatissimi, molto amati dalle api, commestibili (se passati in pastella e fritti).

■ **Bougainvillea sanderiana:** pianta sarmentosa, ideale per pergole e cancellate; 5-8 m di lunghezza; caducifoglia. Posizioni in pieno sole, anche con poca acqua (ma fiorirà meno). Per zone miti, al riparo da venti freddi e gelate, sopporta fino a –5 °C; va protetta in inverno; resiste alla salsedine. Fioritura in giugno-settembre, brattee vistosamente colorate in viola o porpora. Si può coltivare anche in un grande vaso.

■ **Passiflora coerulea** chiamata fiore della passione; pianta rampicante per cancellate e tralicci; 4-5 m di lunghezza; caducifoglia in zone fredde. Posizioni in pieno sole, anche con poca acqua (ma fiorirà meno). Semi-rustica, sopporta fino a –10 °C se in posizione riparata. Fioritura in maggio-settembre, fiori grandi, bianchi con stami violetti (tutti bianchi nella varietà 'Constance Elliott', più resistente al freddo). Da giugno in poi frutti color arancio delle dimensioni di una noce.

■ **Ginestre** (*Genista, Cytisus, Spartium*): arbusti di piccole dimensioni (al massimo 2 x 2 m); caducifogli. Posizioni in pieno sole, sopportano la siccità e il gelo fino a –10 °C; resistono alla salsedine. Fioritura in maggio-giugno, fiori gialli, numerosissimi sui rami, di piccole o medie dimensioni, profumatissimi. *Genista* e *Cytisus* preferiscono terreni acidi, *Spartium* suoli calcarei.

■ **Cistus:** cespugli di 1,5 m d'altezza e 2 m di diametro; caducifogli o sempreverdi. Posizioni in pieno sole, resistono alla siccità e alla salsedine. Per zone miti, al riparo da venti freddi e gelate, sopporta fino a –10 °C. Fioritura in aprile-luglio a seconda delle specie, fiori grandi, simili a rose selvatiche, bianchi e nei diversi toni del rosa.

Ginestra

Passiflora

Piante che tollerano l'ombra umida

■ **Salici** (*Salix alba, S. viminalis, S. babylonica, S. caprea* ecc.): alberi caducifogli, 10-12 m d'altezza. Piante rustiche, adatte a tutte le zone d'Italia, resistenti al gelo invernale.

■ **Pioppi** (*Populus alba, P. nigra, P. tremula*): alberi caducifogli, 15-20 m d'altezza; crescita molto rapida., tollerano anche inverni molto freddi. Per evitare la formazione dei "pappi" (i piumini portati dal vento) in primavera, si consiglia di scegliere solo varietà o cloni maschili, che non producono i semi.

■ ***Taxodium distichum*:** chiamato cipresso calvo delle paludi; albero aghifoglio deciduo, simile al tasso, molto bello in autunno; 20-40 m di altezza. Radici che emergono dal terreno dando al tronco la forma di zampa d'elefante. Esercita un forte potere drenante.

■ **Ontano nero** (*Alnus glutinosa*): albero caducifoglio; 10-20 m d'altezza. Le radici hanno la capacità di fissare nel terreno l'azoto dell'aria, migliorando il suolo a favore delle piante che vivono nelle vicinanze.

■ **Peonia arbustiva** (*Paeonia suffruticosa*): arbusto caducifoglio; 1,5 x 1,5 m. Rustico, sopporta fino a –10 °C. Fioritura in maggio-giugno, fiori grandi di diversi colori (bianco, rosa, rosso). Può vivere più di un secolo.

■ ***Crataegus*:** è il comune biancospino; arbusto caducifoglio, 2 m d'altezza, molto resistente al gelo. In maggio, produce infiorescenze vistose e odorose. Frutti rossi o neri da luglio in poi.

■ **Clematidi** (*Clematis*): pianta rampicante; 4-5 m di lunghezza; caducifoglia o sempreverde. Rustica, sopporta fino a –15 °C. Bella fioritura in primavera o estate, secondo le specie e varietà.

■ **Elleboro** (*Helleborus*): erbacea perenne rustica. Fioritura in gennaio-febbraio, con fiori bianchi, rosa, lilla o verdi, adatta a zone che in estate sono sempre in ombra completa.

SPECIE PER L'OMBRA ARIDA

Tasso (*Taxus baccata*): albero aghifoglio sempreverde; 15-20 m d'altezza; crescita molto lenta. Rustico, adatto a tutte le zone d'Italia purché non troppo calde. Frutti rossi in settembre. È una pianta velenosa in tutte le sue parti tranne la parte rossa del frutto.

Clerodendro (*Clerodendrum trichotomum*): albero caducifoglio, 8-12 m d'altezza. Rustico, adatto a tutte le zone d'Italia. Fioritura in luglio-settembre, fiori medi in infiorescenze a ombrella, bianchi con stami viola. Frutti neri con "coroncina" rosa scuro in settembre-novembre.

Maggiociondolo (*Laburnum anagyroides*): arbusto caducifoglio, 4 x 4 m. Rustico, adatto a tutte le zone purché non troppo calde. Fioritura in maggio, fiori medi in infiorescenze a grappolo di colore giallo.

***Mahonia aquifolium*:** arbusto sempreverde, 2 x 2 m. Rustico, non ama il caldo eccessivo. Fioritura in dicembre-marzo, fiori piccoli in infiorescenze a grappolo di colore giallo tenue, profumatissimi. Frutti da aprile ad agosto, piccoli, neri.

Bosso (*Buxus sempervirens*): arbusto sempreverde, 1 m d'altezza, crescita molto lenta. Tollera bene il caldo mediterraneo e la siccità. Ideale per siepi.

Edera (*Hedera helix*): pianta rampicante sempreverde, lunga fino a 12 m. Rustico, adatto a tutte le zone d'Italia. Fioritura in settembre, in infiorescenze a ombrella. Frutti neri in ottobre-febbraio, velenosi.

***Lonicera japonica*:** pianta rampicante sempreverde, lunga fino a 10 m. Semi-rustica, adatto a zone non troppo fredde. Fioritura in maggio-giugno, fiori medi, bianchi e gialli.

Ciclamino (*C. persicum*): fioritura in settembre-marzo. Non teme il freddo (la parte aerea scompare e si rinnova in marzo).

Le scelte giuste per suolo argilloso (umido o asciutto)

■ **Alberi per terreni asciutti:** albero di Giuda (*Cercis siliquastrum*), alcuni aceri (*Acer pseudoplatanus, A. platanoides*), sorbi (*Sorbus aria, S. aucuparia*), pioppi (*Populus alba, P. tremula*), roverella (*Quercus pubescens*), carpino nero (*Ostrya carpinifolia*), ontano bianco (*Alnus incana*), pino nero (*Pinus nigra*), *Prunus* da fiore, *Malus* da fiore, *Pyrus* da fiore.

■ **Alberi per terreni da normali a umidi:** tigli (*Tilia*), aceri (*Acer negundo*), pioppo nero (*Populus nigra*), ontano nero (*Alnus glutinosa*), carpino bianco (*Carpinus betulus*), orniello (*Fraxinus ornus*), frassino (*Fraxinus excelsior*), salici (*Salix alba, S. viminalis, S. babylonica*), querce (*Quercus petraea, Q. robur, Q. cerris*), cedri (*Cedrus atlantica, C. libani*).

■ **Arbusti per terreni asciutti:** berberis (*Berberis spinosa*), viburni (*Viburnum opalus, V. tinus, V. lantana*), caprifogli (*Lonicera*), cotogno giapponese (*Chaenomeles japonica*), coronilla (*Coronilla hemerus*), *Colutea arborescens*, forsizia (*Forsithia*), iperico (*Hypericum perforatum*).

■ **Arbusti terreni da normali a umidi:** fior d'angelo (*Philadelphus coronarius*), *Weigela, Abelia*, spirea (*Spiraea*), lillà (*Syringa*), *Deutzia*, sambuchi (*Sambucus*), *Kerria, Caryopteris, Buddleja, Physocarpus, Rosa*.

■ **Piante rampicanti:** vite americana (*Parthenocissus tricuspidata, Ampelopsis veitchii*), vite canadese (*P. quinquaefolia*), *Passiflora*, clematidi (*Clematis*), bignonia (*Campsis radicans*).

■ **Piante erbacee perenni per zone asciutte:** *Hemerocallis*, peonie erbacee e arbustive (*Paeonia*), euforbie (*Euphorbia myrsinites, E. peplis, E. cyparissias, E. amygdaloides*), aconito (*Aconithum*), acanto (*Acanthus*).

■ **Piante erbacee perenni per terra fresca e umida:** consolida (*Symphytum*), *Hosta, Rudbeckia*, rabarbaro (*Rheum palmatum, R. alexandrae*), *Brunnera, Anemone*, flox (*Phlox*), *Petunia, Surfinia, Verbena*, astri (*Aster*).

■ **Bulbose per zone asciutte:** *Allium, Iris*, gladioli (*Gladiolus*), *Eranthis hyemalis*, narcisi (*Narcissus*), tulipani botanici (*Tulipa kaufmanniana, T. greigii, T. clusiana*).

■ **Bulbose per zone umide:** bucaneve (*Galanthus nivalis*), giacinto (*Hyacinthus*), crochi (*Crocus*), colchici (*Colchicum*), crocosmia (*Montbretia*), *Leucojum aestivum, Camassia*.

Viburno

Peonia erbacea

Piante per zone ventose

■ **Alberi per climi caldi:** eucalipti, olivo (*Olea europaea*), nespolo del Giappone (*Eryobotrya japonica*), tamerice (*Tamarix africana*).

■ **Alberi per le zone fredde:** ontani (*Alnus glutinosa, A. incana*), *Acer psaudoplatanus*, carpino bianco (*Carpinus betulus*), carpino nero (*Ostrya carpinifolia*).

■ **Arbusti per climi caldi:** alloro (*Laurus nobilis*), corbezzolo (*Arbutus unedo*), ginestrino (*Cytisus praecox*), olivello spinoso (*Hippophae rhamnoides*), *Atriplex halimus*, buganvillea, *Ficus pumila*, pittosforo (*Pittosporum tobira*), oleandro (*Nerium oleander*), ginepro, lentisco.

■ **Arbusti per le zone fredde:** evonimo, abelia (*Abelia grandiflora*), berberis (*Berberis darwinii*), *Prunus lusitanica*, edera (*Hedera helix*), glicine.

■ **Erbacee perenni per le zone calde:** *Artemisia, Phormium, Anchusa, Heliotropium*.

■ **Erbacee perenni per le zone fredde:** *Phormium, Eupatorium*.

Soluzioni per zone costiere

■ **Acacie** (*Acacia dealbata, A. podalyrifolia, A. bayleiana*): alberi caducifogli, 8-15 m d'altezza. Fioritura in gennaio-marzo, fiori gialli profumatissimi. Sopporta fino a –5 °C.

■ **Mandorlo** (*Prunus amygdalus*): albero caducifoglio, 6-10 m d'altezza. Sopporta fino a 0 °C. Fioritura in febbraio-marzo, fiori bianchi. Frutti commestibili in agosto.

■ **Carrubo** (*Ceratonia siliqua*): albero sempreverde; 5-8 m d'altezza, 10-12 m di diametro. Sopporta fino a –3 °C. Frutti commestibili.

■ ***Callistemon***: arbusto australiano, caducifoglio; 1,5 m d'altezza. Semi-rustico, sopporta fino a –5 °C se in posizione riparata. Fioritura in giugno-luglio, vistose infiorescenze rosse.

■ **Gelsomini** (*Jasminum officinale, Jasminum polyanthum*): piante rampicanti per pieno sole, sopportano fino a –8 °C; resistono alla salsedine. Fioritura in maggio-agosto, profumatissima.

■ ***Gazania:*** erbacea perenne. Sopporta fino a 0 °C; resiste alla salsedine. Fioritura in aprile-settembre, in vari colori.

■ ***Aptenia cordifolia***: pianta grassa, tappezzante. Sopporta fino a 5 °C; resiste alla salsedine e al caldo intenso, molti fiorellini fucsia.

Abelia

Mimosa

PIANTE ROBUSTE E FACILI PERI GIARDINI IN MONTAGNA

Alberi: abeti (*Abies alba, Picea excelsa*), pini (*Pinus nigra, Pinus sylvestris, P. cembra, P. mugo*), larice (*Larix decidua*, sopra i 600 m), faggio (*Fagus sylvatica*), castagno (*Castanea sativa*, entro i 600 m di quota), frassino (*Fraxinus excelsior*) sorbi (*Sorbus aria, S. aucuparia*), querce (*Quercus robur, Q. petraea*), betulla (*Betula alba*), ciliegio (*Prunus avium*), carpino bianco (*Carpinus betulus*).

Arbusti: forsizia (*Forsithia*), lillà (*Syringa vulgaris*), sambuco (*Sambucus nigra*), spirea (*Spiraea*), filadelfo (*Philadelphus coronarius*), *Deutzia, Kerria*, sinforicarpo (*Symphoricarpus orbiculatus*), maggiociondolo (*Laburnum anagyroides*), peonie erbacee (*Paeonia lactiflora*), rosai (*Rosa*), *Prunus* da fiore, *Malus* da fiore, *Viburnum lantana*, ibisco siriaco (*Hibiscus syriacus*), clematidi (*Clematis*), bignonia (*Campsis radicans*), biancospino (*Crataegus*), berretta da prete (*Euonymus europaeus*), prugnolo (*Prunus spinosa*), *Cornus*, nocciolo (*Corylus avellana*), abelia (*Abelia grandiflora*).

Erbacee perenni: *Aquilegia, Hosta, Achillea, Saponaria, Campanula, Bergenia, Astilbe, Phlox, Delphinium, Coreopsis, Dicentra, Geranium, Lamium, Lobelia, Primula, Oxalis, Anemone, Sedum, Sempervivum, Viola*, stella alpina (*Leontopodium alpinum*), genziana (*Gentiana*), iperico (*Hypericum perforatum*), papaveri (*Papaver islandicum, P. orientalis*), *Calendula, Felicia, Osteospermum, Artemisia, Salvia*, astri (*Aster*), *Rudbeckia, Arnica*, fragola (*Fragaria vesca*), bocca di leone (*Anthirrhinum majus*), topinambur (*Helianthus tuberosus*), *Liatris*, alchechengi (*Physalis alchechengi*).

Bulbose: tulipani (*Tulipa*), giacinti (*Hyacinthus*), narcisi (*Narcissus*), bucaneve (*Galanthus nivalis*), *Eranthis hyemalis, Leucojum vernum, Muscari armeniacum, Scilla peruviana, Iris*, fritillarie (*Fritillaria meleagris, F. imperialis*), crochi (*Crocus*), gigli (*Lilium*), *Hemerocallis, Colchicum*, dalia (*Dahlia*), gladiolo (*Gladiolus*), ciclamini (*Cyclamen*), *Allium, Arum, Bletilla*, mughetto (*Convallaria majalis*), *Eremurus, Eucomis, Liriope*.

Specie da fiore e da foglia per stagni e laghetti

■ **Piante ossigenanti:** *Ceratophyllum demersum* (con foglie fittamente divise), *Elodea canadensis* (ottima ossigenante), *Sagittaria* (tappezzante, anche emersa), *Vallisneria gigantea* (foglie strette, allungate fino alla superficie), *Potamogeton crispus* (foglie increspate di colore marrone), *Hyppuris vulgaris* (chioma a piramide).
■ **Piante galleggianti:** *Eichornia crassipes* (giacinto d'acqua, fiori azzurri), *Pistia stratiotes* (lattuga d'acqua, foglie pelose che trattengono le goccioline d'acqua), *Salvinia natans* (fiori gialli), *Utricularia gibba* (fiore piccolo bianco), *Azolla caroliniana* (piccola felce, produce piccole isole galleggianti), *Trapa natans* (castagna d'acqua, produce frutti commestibili)
■ **Piante fiorite:** ninfee 'Graziella', 'Pygmaea helveola', 'Rose Arey' (per piccoli laghetti), loto 'Momo Botan' (per piccoli laghetti), *Nuphar lutea* (loto a fiori gialli, non teme il gelo), *Nymphaea alba* (fiori bianchi, non teme il gelo), *Nymphaea capensis* (fiori blu, tropicale, teme il gelo), ninfea 'Victoria amazonica' (gigante, tropicale, teme il gelo).

Indice Analitico

R

S

T

V - Z

Referenze, ringraziamenti e informazioni utili

La maggior parte delle foto di questo volume provengono dagli archivi di Garden Pictures, info@gardenpictures.

Un ringraziamento a Gustavo Tomsich ed Elena Tibiletti che hanno collaborato con le loro immagini ad arricchire questo volume.

Hanno contribuito
con la loro consulenza ed esperienza:
Luisa Ferrari, paesaggista, Londra,
luisa@luisaferrari.co.uk
Roberto Malagoli, paesaggista, Mirandola (MO), tel. 335/6922366,
r.malagoli@libero.it

Referenze fotografiche per le immagini non provenienti da archivio Garden Pictures
P. 9: foto Giardini Botanici Trauttmansdorff, Merano
P. 23, giardiniere; p. 47, lupini;
p. 91, *Quisqualis*; : Mimma Pallavicini
p. 27: disegni e foto forniti da Fiskars, www.fiskars.it
p. 28: decespugliatore di Stihl, www.stihl.it
p. 28: zoccoli e paraginocchia di Escher, www. escher.it
p. 35: irrigatore e cisterna di Gardena, www.gardena.com
p. 38, 42, 43, 95: foto di Luisa Ferrari
p. 53: tosasiepi di Bosch, www. bosch.com, con accessorio 'Collecto'
p. 60: laghetto a sinistra e p. 69: Vivaio Paoli e Borgioli, Firenze, www.pbortensie.it
p. 62, p.84: foto di Roberto Malagoli
p. 66: foto di Luigina Giordani, paesaggista, Tolentino (MC), luigina.gio@libero.it
p. 70 e seguenti: alcune immagini, illustrazioni e consulenza fornite da Centro Internazionale dei Bulbi da Fiore, www.tuttobulbi.it
p. 76, 77, 78, 79, 80, 83: foto di Alberto Livraghi per Garden Pictures
p. 86: rose di David Austin Roses, italiano@davidaustinroses.com, www.davidaustinroses.com
p. 87: glicine 'Amethyst Falls';
p. 90, sambuco 'Black Lace';
p. 106, Abelia grandiflora 'Hopleys': varietà brevettate, disponibili nella rete di rivenditori del marchio Raraplanta, www.raraplantca.com, progetto coordinato da Ivano Garbujo.
p. 90: sambuco (bacche): Vivaio Fiorella Gilli, Villanova d'Asti, www.fiorellagilli.it
p. 99, 101: illustrazioni di Rita Ammassari.

finito di stampare
nel mese di febbraio 2007